# 幸福明朗

上外静小办学『十日谈』

**主编** 周云燕

文汇出版社

周云燕，民办上海上外静安外国语小学校长。全国模范教师，上海市语文特级教师，上海市"四有"好教师（教书育人楷模）提名奖，上海市"双名工程"小学语文名师基地主持人。上海市特级教师特级校长联谊会副秘书长，上海市特级教师公益讲坛特聘讲师。

著有《上海名师课堂——小学语文周云燕卷》，主编《云林秀色——小学语文名师基地丛书》《基于移动互联网技术的小学生即时评价》。

# 目　录

# 六 日 谈

## 第四篇 洒阳润福 73

# 七 日 谈

# 八 日 谈

## 第五篇　抱阳创福　95

### 九 日 谈

### 十 日 谈

# 日升幸福

■ 周云燕

幸福的日子，总是风轻云淡，舒适惬意，宛如春风拂面，夏日莲放，秋高气爽，冬日暖阳。

幸福的校园，永远阳光明媚，朝气蓬勃，四季如春，生机如夏，硕果如秋，淡然如冬。

民办上海上外静安外国语小学（以下简称"上外静小"），生活在幸福的日子里，呈现在缤纷的校园里，是那么生机勃然而幸福高涨，是那般心旷神怡而成就满满。

幸福，是上外静小的基色。学校以"办一所充满'幸福感'的学校"为宗旨，以师生幸福成长为生态，以教育缔造幸福为追求，走上了一条幸福的康庄大道。

明朗，是上外静小的主色。校园内，到处是微笑的脸庞，到处是舒畅的欢歌，到处是悦目的景象，尽染了一片浓郁的年少靓色。

天天是幸福的日子，总有特别美妙的时辰。

《幸福明朗——上外静小办学"十日谈"》，以满满的幸福感为主调，以浓浓的教育新意为素材，以美美的真实场景为浓墨，以缕缕的精彩创意为线条，画出了一幅幅令人欣喜、陶醉的素描，着实精湛而隽永，富有创意而内蕴。

日日是创造的天地，常有尤其精华的点睛。

《幸福明朗——上外静小办学"十日谈"》，展现了在这个温暖的屋檐下，师生并肩撑起幸福的"教育情怀"，表现了在这个非凡的课堂上，师生一起缔造幸福的"教学情愫"，体现了在这个佳境的视域中，师生共同享受幸福的"优质情结"。

上外静小，是一条幸福的长河，"十日谈"是飞溅的朵朵浪花；

上外静小，是一座幸福的家园，"十日谈"是优雅的芬芳楼阁；

上外静小，是一泓幸福的泉水，"十日谈"是绵绵的奔流瀑布。

让身在其中的人，得到长足的满足，尽享幸福；让身在其外的人，锁定停留的目光，流露羡慕；让所有阅读的人，获得久久的教益，深感欣慰，此"十日谈"值了，就是另一种幸福的存在与表达。

# 教育命脉 幸福所系

■ 周云燕

历史做出了选择，时代成就了教育。

2002 年金秋，民办上海上外静安外国语小学（以下简称"上外静小"），由上海市静安区教育局和上海外国语大学双方教育产业部门联合投资创办的一所民办学校，披着进入 21 世纪的霞光，紧跟静安教育多元发展的步伐，在中心城区北京西路一隅应运而生。

从 2003 年学校被上海市人事局命名为"上海市海外归国人员子女就读定点学校"的高端定位，到以外国语小学办学特色显著的优质学校，如今的上外静小已是在沪上有相当影响、并以独特的教育理念和独到的办学成果而在业界声名鹊起的民办品牌小学。

学校是上海市民办中小学语文学科基地、上海市民办中小学艺术学科基地、首批上海市外语类及外语特色校教研联盟单位、全国足球特色学校、全国校园高尔夫运动联盟实验学校和全国攀岩特色学校；2021 年，学校荣获"上海市五一劳动奖状"。由周云燕校长主持的课题"小学生幸福能力养成的实证研究"获得 2020 年静安区第一届教育科研成果一等奖。如今，"幸福力"已经纳入《静安区教育事业改革与发展"十四五"规划》"静安学生区本特征之一"。

瞄准目标，不懈探索，成为学校发展的主旋律。尤其是 2013 年以来，上外静小审时度势，回归教育本真，前瞻高远，刷新办学功能，将"办一所充满'幸福感'的学校"定格为办学目标，开始奏响幸福育人的交响乐。

## ■ 历史回顾

上外静小的诞生与发展，有着自身的逻辑和前行的轨迹。

### "2002 年"与学校破土而出

21 世纪初，上海基础教育紧紧围绕实现教育现代化的战略目标，积极深化教育改革，全面实施素质教育，扩大优质教育资源，加快教育基础设施的建设，努力满足上海、区域百姓对各级各类教育的需求。在此大背景下，上外静小于 2002 年 9 月创建，填补了静安区以外语为特色的小学的布局空白。为探索教育公平，拓展优质教育，丰富多样化个性化办学，由此，上外静小站上了服务区域社会、满足百姓期望、发展优质教育的历史舞台。

### "服务海外归国子女"与学校高起点发展

因应外语办学特色，创建第二年，学校即被上海市人事局命名为"上海市海外归国人员子女就读定点学校"，从此开启了重点服务社会高端人士、以外向型为主的全面实施素质教育的办学道路。学校根据海归人员的文化背景和经济条件，以及他们对子女教育的需求特点，集层次性、针对性、丰富性、多元性、品质性及国际性于一体，高标准谋划、高起点发展、高站位办学，迎来了发展的"窗口期"。

### "办一所充满'幸福感'的学校"与家校社共育协同

从办学初创起，学校一直在积极探求学生培养目标的内涵价值与实现途径，从办学目标的宗旨性、方向性、愿景性予以准确界定。在经过十整年的实践后，于2013年正式提出了"办一所充满'幸福感'的学校"的办学目标，并且有了特定的幸福诠释：学校是允许孩子犯错的地方；学校是孩子寻找伙伴的地方；学校是帮助孩子成为最好的自己的地方。

学校的办学目标得到了家长的广泛认同和社会的赞赏。在办学目标引领下，学校搭建家、校、社三级共育网络，完善家长学校主题与形式，开展面向家长的微课堂教育，倡导家庭教育新理念，提升家庭教育品质，营造家校的生态圈；学校与所属社区、街道良性互动，积极开发校外教育资源，在科技、文化、运动、艺术等方面拓展教育空间，开展校内外教育联动，形成"大教育"格局。

## ■ 办学思想

幸福感的教育理想，就是致力于让每一个孩子获得充分的发展，让每一个孩子拥有幸福的童年，为孩子幸福人生奠基。由此，学校确定的"看世界、做自己"的办学理念，为幸福教育设计了"路线图"，与办学目标共同组成学校高质发展与学生幸福成长的"双子峰"。

上外静小坐落钻石地段，寸土寸金，占地面积不大，近700名学生，人均操场活动空间仅1.4平方米。"小学校"是现实，但这并不妨碍学校追求"大格局"办学的意识和气概。学校"小学校、大格局"的办学战略体现在："幸福感"办学理念意境的宏大；办学机制深层联动的壮大；家校共育生态措施的深大；课程群落丰富尤其是运动、阅读、艺术三类课程实施效果的盛大；教师专业发展的方向感与成就感的硕大。

教育核心的内涵是教育本质，即教育要培养什么人、如何实现培养目标。学校遵从教育方针，五育并举，体现时代进步和社会发展的要求，为学生全面发展烙下"时代基因"、培植"生长种子"。

立德树人，就是让教育的大爱洒满校园，让师德的荣耀照亮校园，让教师的形象矗立校园，借以担负起时代赋予的教育使命。

上外静小各项工作的实施，无不彰显立德树人根本任务的办学宗旨，无不体现立德树人根本任务的核心指向。学校所打造的办学特色、追求的办学层次、期待的教育教学效果，都是学校教育使命的初心执念、教育情怀的孜孜不倦、教育理想的不懈追寻。

## ■ 文化方略

形势催人奋进。上外静小迈入 2022 年的门槛。面临着新的挑战和机遇，擦亮优质办学的成色，烙下幸福育人的基色，浓郁育人方式的彩色，亟须在办学目标和办学理念的基础上，进行系统化、结构化、文本化的文化立校再提升的建设。

文化立校，让学校在已登上的山顶上向更高的山峰攀登给予价值支持、精神激励、愿景引导，在转换发展方式上获得再出发、再冲刺的信心和勇气。总结提炼全校师生在办学奋斗中凝聚的价值与精神，学校特色的固化与升华，将有"幸福感"学校的办学目标用文化形态的方式予以建构并呈现，这是上外静小从有"幸福感"的学校到成"幸福感"的学校的必然选择，也是形成学校独特的办学文化、精湛的育人主张的精神财富。

在建校二十周年之际，学校出版《幸福明朗——上外静小办学"十日谈"》，是以一种优雅的方式、学术的姿态留下幸福的回忆，记录平凡而有意义的校园生活。学校将以此为新的起点，走向深度发展、智慧发展、卓越发展，追求办学的高尚品位、高贵品格、高远品质。

祝福每一位上外静小人，回味幸福时光，创造幸福故事，提升幸福能力，走向幸福人生。

# 第一篇　向阳趋福

# 一 日 谈

看世界：拓宽办学施展的空间

做自己：打开学生成长的心间

# "三句话"：
# 让"幸福感"产生"向心温度"

——民办上海上外静安外国语小学创办有"幸福感"的学校见闻录之一

■**幸福述说**

### 孩子和家长被幸福浸润着

学校办得好不好，学生开心不开心，最有发言权和最有感受的肯定是学生及其家长。

四年级一位姓董的学生说："最满意的地方，我们学校每年都有英语节、梅花节、草坪音乐会，还有特殊的课程，木工课、攀岩课，还有小脚丫课，这些课程让我们很快乐。我每天来学校都能见到我亲爱的老师、同学，我们之间关系都很亲密。"她还特别提到，"燕子校长是一个和蔼可亲的人，我每一次进校园，燕子校长都面带微笑，而且每次不开心的时候都可以去找燕子校长，我每次找完她就很开心。印象最深刻的事情，就是一年级的时候，我们整个班级的同学都去她的办公室吃棒棒糖。"与她的幸福滋味有同感的几乎是全体学生。前不久，华东师大的学者特地到上外静小作了一次深入的访谈，受访的8位学生、10位老师、5位家长都异口同声提到了共同的一个词，就是幸福。

幸福是有传导性的，学生在校幸福，到了家里就是一个开心果。三年级一位姓张同学的母亲说："周校长提出办一所有'幸福感'的学校，而'幸福'一定是自我满足的情感升华。对于这些六到十一岁的孩子们的幸福而言，也许是小到每周的一顿西式午餐，抑或是通过努力得到的阳光下午茶券的快乐；大到亲自挑选的书籍寄给学校捐赠的乡村图书馆，抑或是英语节舞台上的自我展示。我们的孩子在每一个清晨都是迈着快乐的步伐，嘴角都有上扬的微笑，我们看着他们的

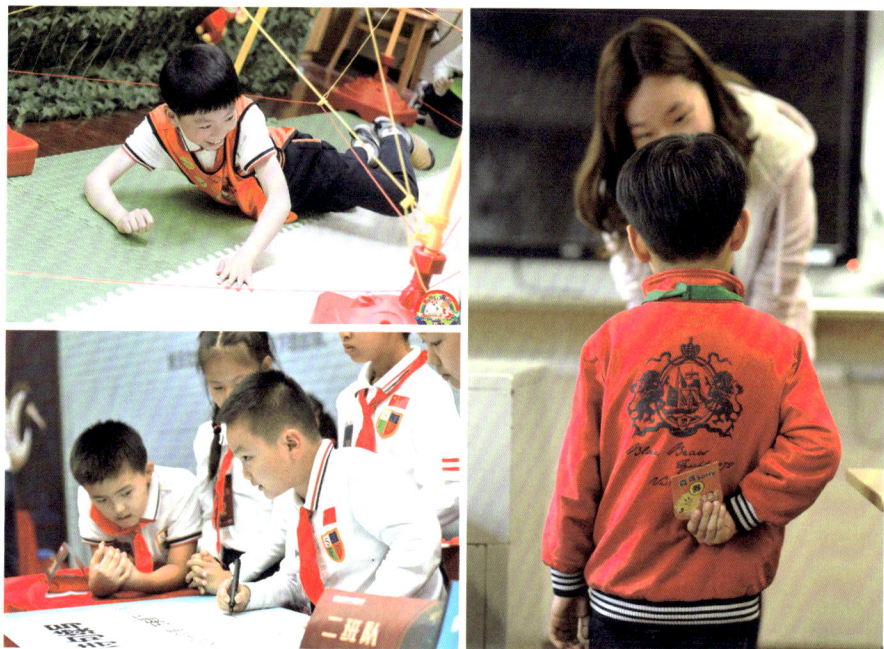

手中有书，目中有人，心中有爱，视野中有孩子的未来。

——周云燕

蹲下来和孩子讲话，把孩子抱起来交流，和家长牵着手教育，让我们用双手托起明天的希望。

——王　媚

背影，看到的即是幸福。"另一位家长看到自己的孩子快快乐乐地回家，说起校园生活眉飞色舞的样子，还赞许地说："学校是你的乐园啊！"

当办学蓝图与学生憧憬美妙镶嵌、办学理想与学生感受高度重合时，这样的学校是令人向往的。2013 年，民办上海上外静安外国语小学迎来了发展史上的重大机遇，在学校四年发展规划中，由周云燕校长领衔的团队郑重而又兴奋地提出了"办一所有'幸福感'的学校"的办学目标，从此，"幸福"两字就成为学校的办学标准，"幸福感"成为师生的感受标配。

2017 年 12 月，静安区人民政府督导室对学校《办学发展规划（2013—2017）》执行情况进行了全面的督导评估，并认定：上外静小在本轮办学发展规划实施期间，相对应的评估指标达成度高，已成为上海市办学特色明显、有一定社会声誉、正积极走向教育国际化的民办外国语小学。

2019 年度《上海市中小学学业质量绿色指标综合评价》结果显示：上外静小学生的学业标准达成度、高层次思维能力、学业成绩个体间的均衡度、学生学习动力、学生学业负担与压力、学生作业等方面的指数在本区、本市呈明显优势。

一所有"幸福感"学校的诞生，得到了师生、家长以及社会的广泛认同和高度评价。这样的"幸福感"，具有深邃的内涵和浓郁的教韵。何为一所有"幸福感"的学校？周云燕曾用三句话作了言简意赅的诠释：学校是允许孩子犯错的地方；学校是孩子寻找伙伴的地方；学校是帮助孩子成为最好的自己的地方。这"三个地方"支撑起学校的幸福感之大厦；这三句话也为有幸福感的学校正名。

## 给予幸福成长的生态：
### 学校是允许孩子犯错的地方

当一些老师把"你怎么又这样了"变成指责学生的口头禅，当一些学校将学生犯错作为集体扣分的选项时，上外静小却大胆而又明确地宣示：学校是允许孩子犯错的地方，这让学生松了口气，也让老师多了一分责任。

在上外静小，恨铁不成钢的不满变成了宽容；从对犯错指责变成了事先的预防，因为在校长、老师眼里，学生成长是伴着过程的，有时犯错正是进步的台阶。

笑笑同学特别敏感。入学两月后，一年级家长开放日那天，午餐时当众打翻了汤碗，爸爸在，其他家长也在，他受不了了，背着书包就要回家。家长只能无奈跟着他回去。到家后，家长求助学校该怎么处理。严厉批评？当时周校长出了一个主意："告诉笑笑同学，不来学校是要办请假手续，病假或事假，让笑笑同学写一张假条。"第二天，周校长收到了笑笑的假条，四个字"心里有事"。"学生就是在犯错中成长的，犯错是教育的契机。写假条是给他规则意识，同时给予他选择，引发孩子反思。"

"允许孩子犯错并不等于对学生犯错的迁就和纵容。"周云燕指出，允许，是说学生不慎犯的错，我们不能冷眼相对；是说学生不必犯的错，我们不能熟视无睹；是说学生不是不能犯错，但要知错就改。允许，是对不慎的宽容，是对不必的警示，是对不能的纠偏。允许，对老师而言，是态度，是辨别，是选择。

Day of the Dead

English: 杨凯乔
翻译：Wendy Liang

## 给予幸福成长的情态：
### 学校是孩子寻找伙伴的地方

学生的幸福感，不仅来自自身，而且来自同伴之间，需要正确认识自己、同伴、集体。学校就是通过组织活动，提供让孩子寻找伙伴的机会，以获得个人的成就感、集体的归属感。

学校开展"幸福小当家"系列活动：一年级通过整理书包和桌肚小柜，学会自己的事情自己做；二年级通过设立小岗位，让每一个学生为班级服务，为伙伴服务，学着他人的事情帮着做；三年级从校园执勤中队入手，让学生在执勤中感悟责任的意义，学着集体的事情争着做；四年级通过体验父母职业实践活动，让学生设计探访流程、探访问题和探访思考，感悟职业的魅力和艰辛；五年级通过职业梦想实践活动，从规划未来、梳理目标入手，让学生充满学习的激情和动力。

学校每年 12 月末开展的"感恩系列活动"，就是找到伙伴的具体实践。这项"与爱相伴 开启新年"的活动重在培育人际间的真情。第一部分"墨香飘送福贺新年"。在美术老师和书法老师的指导下，校园内福字满园，学生为保安、保洁阿姨、厨师、退休老教师、居委会、雕塑公园送上新年的祝福。第二部分"让我说声谢谢你"。

如果你是小蜗牛，让我悄悄收好你的那条银线。

——丁羽宏

如果你始终不开花，我便知道你的名字叫"绿"。

——林雅堂

用激情、责任和爱，在实现价值的路上努力飞奔，成就快乐，收获幸福。

——何丹蓉

全校每一位学生写一张"感谢卡"，对曾经帮助或想表达谢意的人送上温暖的话语。第三部分"幸福天使在行动"。引导每一位学生做一件让对方感到幸福的小事情，如为保洁阿姨递上一杯热水，为同学留一张暖心的小纸条，为老师帮送一天的作业本……这种幸福传递让校园里充满温情。

学校是"上海市家庭教育示范校"，项目负责老师何丹蓉认为，家校联手能产生更好的教育效果，也能让孩子找到更多的伙伴。

## 给予幸福成长的状态：
### 学校是帮助孩子成为最好的自己的地方

幸福感是实在的，感受得到的，学校搭建学生成长的舞台，提供幸福的源泉。

在上外静小，校内是舞台，校外也是舞台；课程是舞台，活动也是舞台。

让学生成为最好的自己，学校对学生的培养目标作了具体的设定：做快乐的学习者，好奇的旅行家，用心的公益人。周云燕解释说，"快乐的学习者"即对学习充满兴趣且有方法；"好奇的旅行家"即对外部世界好奇且能探索；"用心

的公益人"即内心向善向上且有善举。

让学生成为最好的自己,学校从小学生幸福能力养成的三个维度切入:理念格局、课程品质、儿童样态。周云燕说:"我们把一年365天按月列在一根数轴线上,探索学生的多样性的成长需求和规律,有节奏地安排、设计一系列的课程体验,努力让学生在各种经历中去好奇、去尝试、去发现自己的优势领域,最终呈现出乐观、积极、善良、会合作会分享、有责任有担当的儿童样态。"学校从小学生幸福能力养成三个关键培育角度"阅读、艺术、运动"加大力度:阅读让内心丰富起来,艺术使人高雅起来,运动使人健康、活跃起来,效果明显。

把机会让给学生,把精彩留给学生,把掌声送给学生,把爱心献给学生,把希望带给学生。

——全意

和孩子们一起感受幸福,创造幸福。

——黄静虹

# 幸福感的酿就

■ 周云燕

我们提出"办一所有'幸福感'的学校",不是对学生的恩典,也不是对家长的恩赐,更不是对社会的恩惠,而是对教育的真切理解,对办学的真正践行,对使命的真诚担当。

办一所有"幸福感"的学校,始终是学校的办学灵魂和价值追求。学校在持续创新中发展,致力于让每一个孩子获得充分的发展,让每一个孩子拥有幸福的童年;让每一个教师获得专业的发展,让每一个教师拥有幸福的生涯;让学校的每一个地方遍洒幸福的露珠,让学校每一块土地萌发幸福的种子。

当幸福在校园,不是奢侈品,不是舶来品,不是易碎品;当幸福感,不是稍纵即逝,不是难以企及,不是过眼烟云,我们的教育就是一种酿出的幸福之蜜,我们的办学就是一种耕出的幸福之果。因为幸福一直是酿就的。

（作者为语文特级教师、民办上海上外静安外国语小学校长）

# 幸福是教育的质感

■ 苏　军

　　把幸福这种普遍的需求演绎、上升为办学的目标，这不仅是对幸福论的建树，而且是对教育的新见地。

　　对教育的聚焦，因为各有主张而难以定论。不过，有一点可以断定：幸福正是教育的质感，也是唯一的质感。

　　教育的质地，决定了教育的品位；教育的质感，影响着教育的定位。教育的质感，幸福无疑是最有生命力、想象力、影响力的。能给人带来终身幸福的教育，是因为质地钻石，质感隽永。从这个意义上说，周云燕校长主张和践行的"办一所有'幸福感'的学校"，是对教育的质感作了破壳的呈现，因此显得如此耀眼而又深邃。噢，原来教育的质感是由幸福感来"替天行道"的。

（原载 2021 年 4 月 19 日《文汇报》）

17

## 二 日 谈

眼睛开"眼"：从护眼开始

医学入"框"：从身边推开

# 开学第一课：
# 开出"医教结合"健康幸福"专列"

——民办上海上外静安外国语小学创办有"幸福感"的学校见闻录之二

**■幸福述说**

### ■ 当 120 急救车驶入校园……

9 月 1 日，是 2021 学年第一学期正式开学的日子。对上外静小学生来说，也是健康幸福启航的开始。

健康是幸福的基础。"开学第一课"有些特别。伴随着新学期第一堂课的铃声，一辆崭新的、配备目前最先进 5G 设备的 120 急救车驶入校园，一下子吸引了大家的目光。徐雪莉、杨之光两位老师和顾尹婷同学进行了关于出现突发状

况的情景演绎，大家全程目睹了急救车上的救护人员对"受伤"人员的专业施救。急救专家郜素燕医生面向所有学生，清晰地演示了拨打120呼救电话的正确方法，仔细讲解了如何做才能更好配合医生进行现场处理，为被救人员打开生命的通道。学生们近距离观摩了120急救车上的急救设备，并与车上的急救医生进行了面对面的交流。

这是上外静小在"启航新健康医学博士专家团"的合作下，与上海市医疗急救中心联合开设的"开学第一课"的情景，也是为学生打造以"守护生命"为主题的专属课程。

本次活动得到了上海市医疗急救中心的大力支持，党委书记吴晓东、副书记用爱心尊重学生，用思考启迪学生，用行动引导学生。

——陈 杰

一个教师的喜好，将会成为孩子的善恶起点，做教师的务必谨慎！

——邓英姿

顾丽萍、党办主任施祺、市卫生人才交流服务中心综合办主任钟彦等领导亲临现场，为未来的自救自护课程开启了一道生命之门。

以人为本，是社会的根基；以健康为要，是校园的命脉。

民办上海上外静安外国语小学在缔造幸福的过程中，始终将师生的健康作为"第一要务"，高举"健康第一"的旗帜，让幸福的师生生活在健康的绿洲里。

健康系在心上，更落实在行动上。学校将教育与医学联姻，精心探索"医教结合"在校园的落地之路。2021 年 3 月，上外静小有幸与由 100多位三甲医院的医生组成的"启航新健康医学博士专家团"结识、结缘。崇尚公益，共同的价值观让他们走向一起。

校长周云燕说："我们的共同愿景是探索医教结合的新路径，通过课程研发与教学创新，培养青少年的健康习惯和医学意识，使其获得追求高质量生活的幸福能力。"

同时，为夯实"医教结合"的基础，学校成立了以"科学学科"教师为主的课程研发团队，梳理了当前科学教材中与健康医学相关的单元内容，借助"启航团"各科医生的专业实力，为小学阶段的儿童构建起基于学科、高于学科的校本

化科学课程。

"医教结合"，在上外静小扬起了风帆。

## 破冰：
### "启航新健康医学博士专家团"进校园"开讲"

阳春三月，一所致力于"幸福教育"的学校有幸与"启航新健康医学博士专家团"相遇。几位专业务实，大爱包容的医生走进了上外静小，开启了课程研发、跨界合作的新航道。2021年3月26日，在"启航团"团长潘俊杰医生的带领下，华山医院风湿免疫科朱小霞等多位专家医生莅临学校，开设了一场"健康大讲堂"，以一种专业的姿态与全体教师见面了。眼科专家高鹏医生为老师带来了关于"干眼症"的科普讲座，用幽默生动的语言指导老师日常护眼方法；肾病科的董睿、林钐两位医生分别从中西医角度为老师们提供了春季提高免疫力的实用提示；心

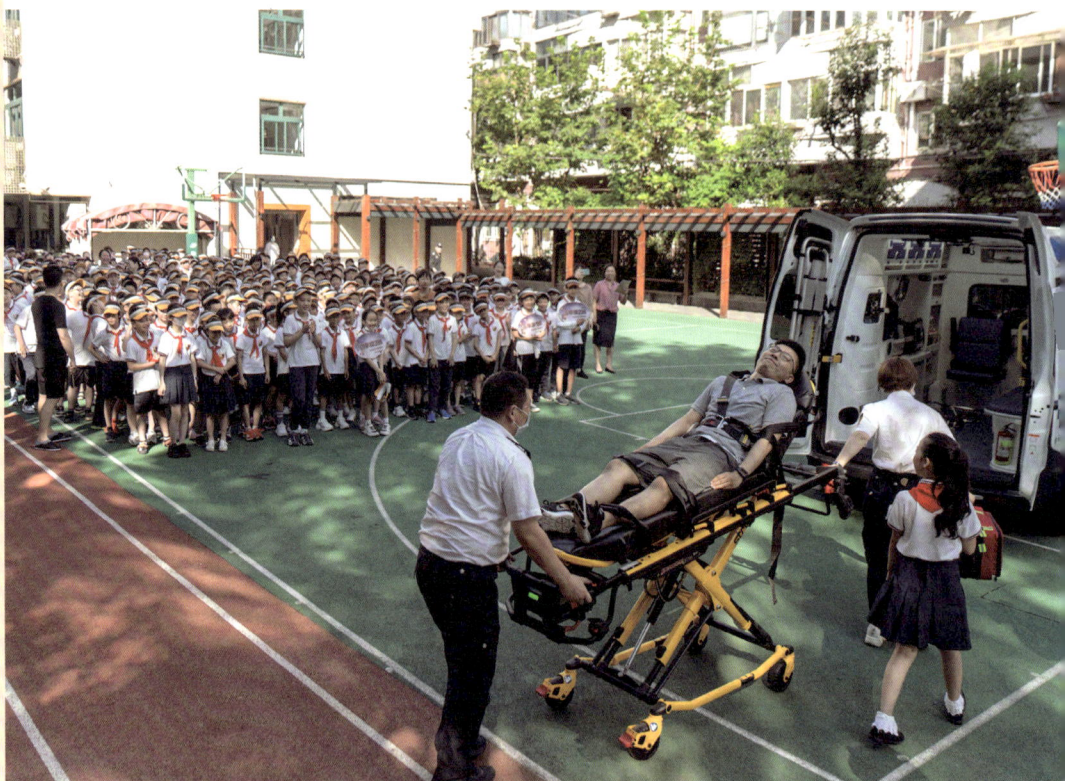

内科的潘俊杰、呼吸科的李明两位医生专业细致地与老师探讨了体检中的关注项目和注意事项。几位专家还为老师开展了一对一的咨询问诊。活动成功，得益于由医生组成的"启航新健康医学博士专家团"和由社会人士、医生家属组成的"保障团"。

2021年教师节期间，华山医院潘俊杰、孙传玉、朱小霞、苗青，华山医院北院毛奇琦，第十人民医院李明，同仁医院汪洁，中山医院方颖，上海国际医学中心刘莉、龙泉，上海中医药大学李艺，上海中西医结合医院林钐，岳阳中西医结合医院蒋亚斌等13位资深医生，前来学校为教师提供周到的咨询服务，让教师倍感温暖。周校长说："如果说每年的教师节都有一个主题的话，我觉得首先是教师及其家人的健康幸福。'启航新健康医学博士专家团'的医师们和上外静小的教师们在一起，是很美的风景。每年，我们都可以这样过自己的节日。"

## 加固：
### 跨界项目组为"医教结合""开课"

"启航新健康 Meed"项目名称，取自 Medicine+Education 医学和教育的前两个字母组合新单词 Meed。上外静小借助"启航新健康

孩子的脚步有疾有缓，我们既要瞻好"前"又要顾好"后"，一路同行，心手相牵。

——王晨斯

用眼睛看，儿童藏在心里头的期盼；用耳朵听，儿童不曾说出口的声音。

——郑洁莹

Meed"项目的优势，研制"医教结合"专题课程，旨在通过"医教结合"教育活动，使学生从小树立健康意识，掌握常见疾病的卫生保健知识，养成影响终身的良好健康习惯；通过"医教结合"教育活动，以孩子的好奇心为引导，从孩子的视角出发，在轻松、有趣的氛围中了解相关医学及生理学知识，感受医学的魅力；通过"医教结合"教育活动，让学生学会如何关注自己的身体，了解基本的医学常识，认识到人的健康是和饮食、睡眠及良好的健康习惯相关，切身感受到医学工作的价值和意义，并用所学的知识来关爱家人和朋友。

经过多次线上线下的研讨，结合儿童的成长

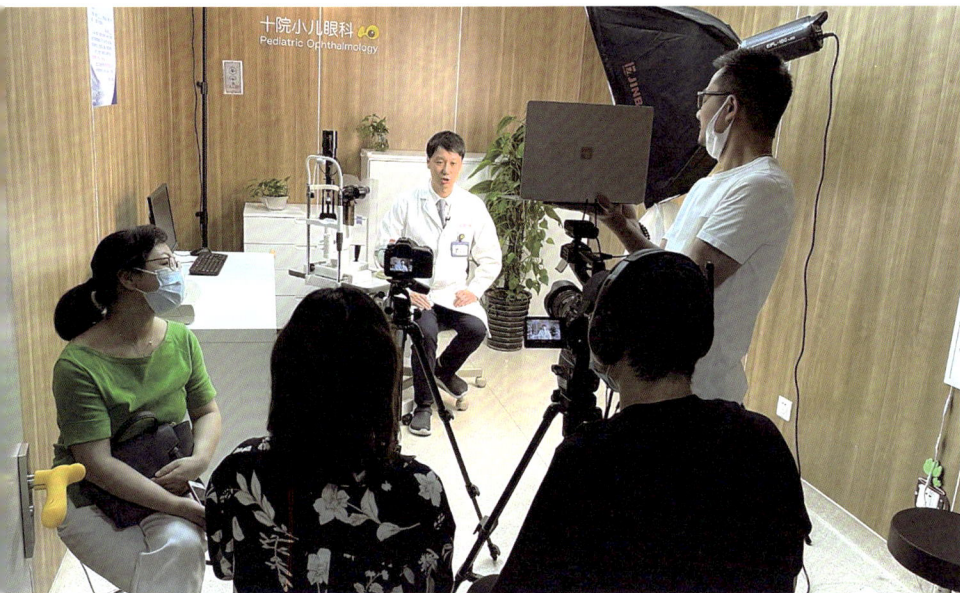

规律和认知能力，学校与"启航团"专家确定了研究方向，跨界项目组正式成立了。同济大学附属上海第十人民医院眼科的高鹏医生承担了第一个单元的项目研发，即三年级第一个单元"认识我们自己"。结合当前教育部关注的儿童预防近视工作，大家一起探索融于"医学视频"的"双师课堂"，基于儿童项目化学习的主题探究。学校三位教《自然》的教师陈杰、何嘉乐、王晨斯通力合作，确定方向，持续研讨，实践尝试，形成经验，这样的跨界合作与深度学习糅入了基于学校场域和特定指向的思考，具有独特的意境和韵味。

### 惠泽：
一颗"美好生活"的种子"开播"

让学生成为"医教结合"的最大受益者。为了更好地解读儿童，项目组的医生们多次走进上外静小，亲历活动现场，观看英语节原创舞台剧，参加草坪音乐

会。医生们置身于学生之中，聆听儿童的声音，感受校园的温度，品味这所学校散发的幸福。"启航团"的专业介入，给学校课程打上了"医学健康"的印记，学习的"期待感"、心理的"舒适感"、成长的"溢出感"，将成为师生在校的"生态"和"常态"，为上外静小将"幸福感"作为师生的校园基色予以根本性的建构和基础性的落实。

# 医教整合 幸福之光

■ 周云燕

　　教育与医学，都是人学。因此，医教结合，从本质上说，既是育人同途，也是仁者同心，更是融通之道。

　　医者和师者携手，医术与教艺碰撞，博爱仁心为儿童，医教结合新启航。有幸相遇，不负遇见。

　　将"启航新健康医学博士专家团"引入校园，开辟了"医教结合"新途径，达成了教育与医学的完美融合新境界。

　　从这个意义上说，"医教结合"，就是一束照近彼此、照暖心灵、照亮前程的幸福之光，这与办一所充满"幸福感"的学校不谋而合，一拍即合。

　　医教结合，强强联手，引领师生健康生活理念，致力培养良好健康习惯，携手点亮健康人生！

（作者为语文特级教师、民办上海上外静安外国语小学校长）

# 健康与幸福是"本家"

■ 苏 军

健康，是基础，是前提，是关键，人人皆知。但基础如何夯实、前提如何满足、关键如何发威，的确是一道"生命教育"之题，一种"幸福感"之源。

可贵的是，上外静小的解法，是在健康上与专业结缘，在教育上与科学结盟，在"医教结合"上架起了走向幸福的彩虹桥。

健康与幸福是"本家"，上外静小的"望、闻、问、切"在"医教结合"上屡出高招，以至于教育的"神、色、形、态"有了幸福的样态。

（原载 2021 年 10 月 11 日《文汇报》）

# 第二篇　生阳滋福

看世界：拓宽办学施展的空间

做自己：打开学生成长的心间

# "木工车间"：
# 学生认知基础事物的"匠心匠意"

——民办上海上外静安外国语小学创办有"幸福感"的学校见闻
录之三

**■幸福述说**

## "我送了一双自制的筷子给妈妈"

学生毕业后，总会在心里留下几个难忘的场面，这些珍贵的记忆有时会睹物思人，触景生情。

2019届毕业生钱家铮在"毕业季课程启动仪式"上代表全年级学生做过一次演讲。他一上台就率真地说："有些人可能会问：'为什么是你而不是我们中的任何一个发言呢？'这个嘛，我一开始也没想到，可Rachel老师突然选我来做这件事，她认为我很有想法。居然没有让学霸上场，此时，我的心中似一万只羊驼奔过，实在是受宠若惊！我冷静下来后答应了老师，然后我就出现在了这儿。"

"五年了，我在学校中发生过许多有趣的事。"他在列举英语节后，特别提到了这样一件事："快乐的事也有许多。例如去年，我送了一双筷子给妈妈，这是我第一次送给妈妈我亲手做的、可以给她日常使用的物品，看着她惊喜的表情，我很开心，所以这回我也要选木工课。有些人会觉得：'为什么必修课中有木工，选修课你还要选木工课呢？'那是因为，这回我们会做一个校徽，可以留在这所学校，给我一个今后时常回来的理由。每次我回来时，我就会看到它，这多有成就感啊！"

一双在校制作的筷子，竟产生了这样的效应：作为礼物给妈妈，体现了一种孝心和关爱。由此选择上木工课，准备做校徽，并留在母校，爱校情怀顿时溢满心胸，这"木工车间"真有"活"呀。


久违了，车间，取而代之的是"数控机房"；不屑了，木工，取而代之的是"加工流水线"。

然而，在民办上海上外静安外国语小学，居然有一个"借壳"在外的"木工车间"，居然有一门"木工手艺课"，居然每一个学生可以做"小木匠"。木工，这个古老的匠艺在这里"复活"；车间，这个最原始的生产场所在这里"厚待"。这个"木工车间"，演绎了原点育人、基础育人、动手育人的万千气象。

走进位于北京西路509号的"静安少年探索营"，三个楼层，建筑面积1000平方米左右，是为静安区义务教育阶段的学生精心打造的跨学科实践活动基地。"探索营"旨在培养青少年核心素养，在空间设计、动手能力、体能运动、分阶阅读、戏剧表演等方面提供优质的课程内容及个性化的学习空间。在这里，着力开发木工制作、攀岩运动、英语分阶阅读三大支柱课程。位于底楼的"木工车间"，显得格外耀眼。不太大的车间，但设置得井井有条，长长的工作台，木质感特强，相关的机械设备几乎一应齐全，如车床、钻床、刨床等，还有高级的打磨机。

"木工车间"，成为学校特色育人的亮点，也是学生乐于精雕细刻的地方，有的学生甚至颇为期待地说："最好明天就是'木工课'"。

"木工车间"的走红，是有缘由的。

### 基础做起：
### "木工车间"的"设计"

学校将"静安少年探索营"的着力点放在木工，让小小年纪的小学生尝试木工的大人活，有着多方面的考量。

在"探索营"一层打造一间系统化、多功能的现代机械青少年木工教室，包括准备室、授课区、操作台、集尘间、作品展示区以及机械设备分类区域，就是提供真实的生产环境，提供切实的动手实践的环境。

木工课程负责人王晨斯老师指出，这个"木工车间"，也是学校的木工实训室，它是以易取得、易加工的木材为载体，以系统化工艺组合的木工机械设备和工具为平台，构建实验实训的真实化情境服务的设计、教学和研究的好去处。

木材是木工实训室的被加工载体，学生通过对木材的认识与改造，实现木材由原材料到创意

教育的本质是使人向善，在孩子成长途中，我愿帮助他们发现自身，了解自我，成为更好的自己。

——盖林林

真心实意爱学生；
真才实学教学生；
真知灼见染学生。

——刘　燕

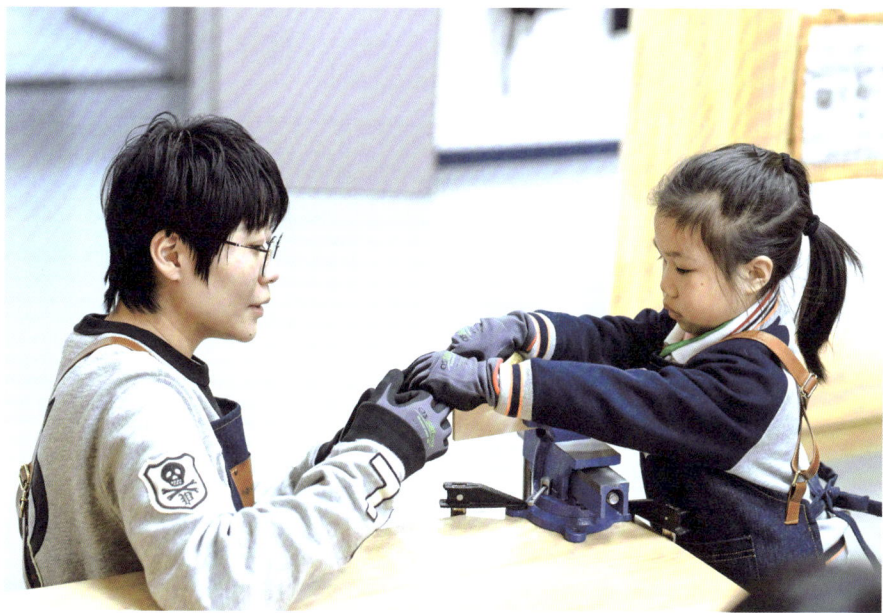

设计成品的转变，可亲身感受"物的转变"过程。学生是木工实训室实践行为的主体，通过经历对配置的木材加工的工艺流程装备，让学生完全参与其中，实现自我思考、自我设计、自我规划、自我制作、自我评价，培育学生跨学科的横贯能力。同时，通过主体行为的实践实训，让学生经历兴趣培养、坚毅力体会、成就感满足、自我学习和激励、关爱他人的过程，初步实现"人的转变"。

在现场，周云燕校长指着陈列着的学生木制作品时说："别小看木工，这是制造业的始端，也是让学生去感知最基本的物体的切入口，他们可以形成概念，得到最基本的见识，这对他们的知识建构、能力建构极其开发价值。另外，木工富含中华优秀文化和工艺传统、鲁班精神、工匠精神的教育资源丰厚。"

静以修身，倾心浇灌，静待花开。

——丛　裕

以智慧启迪智慧，用心灵唤醒心灵。

——谷　慧

努力做一名懂孩子、会教书的老师，让学生得法于课内，得益于课外，给学生空间，助学生成长。

——楼海瑛

35

没有最好，但求更好。做最平凡的老师，育不平凡的学生。

——成 玮

做一片绿叶、一丝春风、一缕阳光，把温暖和爱带给最可爱的孩子们！

——宋 瑜

## 工学交替：

### "木工车间"的"施工"

木工车间，是体验木工活的，但并不限于此。学校将木工置于课程的地位，称为"木工创意课"。实操课、文化课并驾齐驱，动手做与知识学工学交替，让学生习得和学得双丰收。

课程以"作品"为"基材"切入，如一年级的"小椅子"、二年级的"笔筒"、三年级的"书签""筷子"、四年级的"小动物挂件"、五年级的"木工小锤子"。同时，文化课"加料"，有"认识木头""认识木工名人""木头的颜色与赏析""电动锯的各种形态"等，内容丰富。

这门课程内容，有着依据年段能力目标、工具安全等级、工艺流程等级体现阶梯渐进的设计特点。从"木材工具的认识与使用""创意设计与建模""加工制作与美化""木工文化与工艺欣赏"等方面，引导学生经历一个完整的探究学习过程，在观察、想象、设计、动手实践中培养跨学科综合素养及乐于劳作的工匠精神。不少学生还专门以木工体验为题，写下了读来妙趣横生的佳作。有位学生写道："做木工，能锻炼我们耐心，让我们懂得什么是'精雕细刻'"。另一位学生还心生愿望："木工坊的课让我们领略到

更多知识，让我校的'小鲁班'可以放飞自我。我希望通过努力可以早日成为中级工。在学习中，我也要有'匠心'，这样才能事半功倍。"

## 跨界学习：
### "木工车间"的"广度"

做木工，悟思绪，长见识，迁移能力，这个"木工车间"迭出新意。

这个场面，一直印在木工课程老师王晓莹的脑海里：记得有一节关于木头颜色的课，在课上，我抛出了一个问题：为什么同一块木头会有不同的颜色呢？孩子们的回答五花八门，有的说是由于后天人工造成的，目的是为了好看；有的说是由于树内的水分多少产生的；还有的说是因为生长先后产生的……于是，我带领孩子们在校园里找了一棵大树，近距离地观察了一番，孩子们通过察看、讨论，发现了每一根树枝的上下面颜色都有所不同。树枝颜色偏浅的那一面是朝着太阳的，反之，背着太阳那一面的树枝颜色就偏深，所以同一块木料颜色也就不一样了。从那节课起，那棵大树就变成了校园里的网红树，孩子们经常会结伴去看一看、摸一摸，这个场景就成了校园里一道亮丽的风景线。

而在《传统建筑结构——斗拱》一课中，执教的老师惊奇地发现：学生在了解中国传统建筑的演变过程中，从战国时期中山国出土的四龙四凤铜方案入手，了解唐代至元代时期建筑特点，再到明代至清代建筑——故宫优秀建筑群的欣赏，不仅学会了欣赏古建筑的美，而且大大地激发了爱国热情。在斗拱模型拆装实操课中，学生不仅进一步了解了斗拱的构造和作用，还提高了对斗拱在建筑中演变过程的进一步认识，更激发了对我国传统建筑的探究欲望，也拓宽了视野。

燕子校长的话

# 在最基础的地方"打基础"

■ 周云燕

我们身处信息时代，学生接受知识和了解万千世界的方式不能不说达到了现代的程度。

然而，转过身来，我们的教育还得从最基本的做起。"木工车间"，可谓俗到底，下沉到一个可以用手工来创造气象的"基点"，而这个最基础的地方也许正是教育软着落的"核心地带"。概念是需要基础的，意识是需要映照的，所谓万丈高楼平地起，也是这个意思。学生自己去制作一件东西，当然比黑板上做田、屏幕上钻孔，来得更有意思和实际价值。

"小木工"，其实还真有"大教育"的寻味。

（作者为语文特级教师、民办上海上外静安外国语小学校长）

第三只眼

# 教育，就是要做在"点子"上

■ 苏 军

　　做木工不易，做成高级木工，就是能工巧匠，甚至是大国工匠。同样，做教育更不易，做到学生的引路人，是一种境界，做到人类灵魂工程师，更是一种飞跃。

　　用木工，将教育的体验、传递、贯穿集聚在台虎钳上；用"木工车间"，把学生的认知、思维、创新的打磨在精雕细刻上，从而引发深度学习、有效学习、探究学习的"刨花飞溅"，这种加工场就是教育的大磁场。

　　教育，有时并不在于数量，而在于质量，在于"点位"的合适。

（原载 2021 年 4 月 20 日《文汇报》）

# 四日谈

从管好"压岁钱"起步
从驾驭"人生舵"着眼

# "财商俱乐部":
# 培养经营头脑的"精算圣地"

——民办上海上外静安外国语小学创办有"幸福感"的学校见闻录之四

**■幸福述说**

## 2021 毕业季创智赢家

对上外静小的毕业生来说，毕业季的重头戏——创智赢家，不仅别具一格，而且是一种"待遇"。这个课程，将财商教育进行到底，十分丰富。学习与金融、创业的相关知识；团队合作完成一次模拟创业活动。请专家团队做融资创业讲座并进行互动问答；课堂指导分组合作开发一个创业项目；合作完成一份融资计划方案；进行一次现场答辩，阐述团队

创业计划。25个课时排得满满的，学生兴趣十足。

目睹毕业季成果，一位家长有感而发："从一开始的小组讨论、市场调研和营销方案的确定，到后期的着手准备，展台布置，以及最后的现场火拼。你们的收获一定不小。它让你领略到市场竞争的残酷，让你感叹市场调研的重要性……那些平日里遥远的词汇：增加收入，控制成本，消费者偏好等等，是不是也瞬间在你面前鲜活了，你在与同伴们讲述大甩卖的秘密的同时，是不是也在感叹小组队员之间合作的重要性呢？这些都是你们在平日的数学课上没有体会过的，今天你

见孩子所见，想孩子所想，乐孩子所乐。

——叶　斐

一分为二看人，一分为二对己，经常换位思考。

——徐　锦

们学校，用了这样一个别开生面的活动将数学课的知识与我们的生活紧密地做了一个链接，相信你们将来在中学里学习百分比、利润率等概念时一定会有更深的体会、更好的理解！虽然今天你可能不是'创智赢家'的获奖者，但是我想告诉你们：在今后的学习和生活中，只要你们用你们的创造力，用你们的智慧，不断地努力，你们都将会有所收获，成为名副其实的创智赢家！"

财商，是现实生活和未来前程中必然要遇到的课题，也是学生幸福成长中的重要元素。

针对财商教育普遍缺乏的现状，针对一些青少年因为不能正确处理金钱问题而走向歧途的危情，正确认识财富已经成为青少年成长过程中不可或缺的环节。民办上海上外静安外国语小学注重学生全面发展，深知劳动的价值和意义。他们认为，开展财商教育，不仅让学生了解商业社会，掌握理财技能，更提升学生自己的发展规划能力，越早学习财商，越早掌握自己的核心竞争力。

## 让"财商教育"凸显"课程地位"

学校对财商教育，没有停留于一般的活动，而是从长计议，从基入手，将这种教育给予课程地位，纳入课程计划，并作了精心的设计和安排。

教育是一个缓慢的过程，用爱心和善意引导学生，互相理解，一起成长。
——潘　静

愿我的暖心陪伴给予你们前行的动力……
——朱　杰

心怀温暖，让孩子享受人文课堂，成为最好的自己。
——杨维华

永葆童心，用爱育人，为
孩子打好成长底色。

——黄蓉蓉

静静地教书，默默地做事，
用心用爱育人，静待桃李
满园香。

——陈洁

做个妈妈老师，用心呵护每一棵小苗的健康成长。

——杨道红

用爱铺路，以识领路，让教育成为通往幸福的桥梁。

——穆文怡

根据课程内容的设定，学校以理论基础＋社会实践＋生活应用为课程的内容，以初步培养学生的理财意识。课程设"基础知识""实践体验""生活应用"三个模块，学习财商基础知识，通过课堂互动学习，掌握货币、财富、责任、创新、商业等基础知识，明白个人目标及人生价值；创业经商模拟实践，通过企业实地访学，掌握解决问题、创业及商业化的基本逻辑思维，理解商业中的各种挑战及解决办法；应用于合理花销与个人理财，开启理财计划，掌握并运用合理花销及个人理财的方法，理解储蓄、投资及慈善的意义。"财

商CLUB"，设置"如何成为金钱的好管家？""钱从哪里来，再到哪里去？""何为财富自由及如何实现？""创新发明我也行""如何创造商业价值？""如何实现人生价值？""职业规划和简历制作""树立正确的消费观念""个人理财规划与方法""防范个人财务风险""慈善精神与周济社会""创新创业公司的实地访学""创业步骤及制定商业计划""我的创业计划路演""优秀学员荣誉表彰"等15个主题。

实地考察是学生学习财商的新天地。马太财商的合作企业、国际创新公司、位于浦江饭店（原名礼查饭店）的中国证券博物馆等，都留下了学生涉足财经界的身影。对马太财商CEO彭湘墨的讲解，学生印象深刻。学生充分发挥马太财商独创的"OTA（Observation → Thinking → Action）"实践学习方法，主动发现生活中存在的问题，并积极去寻找最佳解决方法。比如，在2020年的公益创业班的路演上，有个团队发现疫情期间妈妈去疫区支援，家里养的花因为没有得到及时照看而枯萎。这让其中一个学生感到非常难过，于是他就和他的团队一起想出"智能花盆"的创意，让花儿在花盆的智能"照顾"下很好地成长，而且还可以自动分享照片给主人。自2020年以来，学校引进马太财商的"公益创业课"，帮助学生提高创新精神与创业技能。

## 让"财富管理"引向"人生驾驭"

数学教研组长袁向睃介绍说，"财富管理"课程，融合教材相关的数学系列活动，分为三种类型，即单独开设的理财内容、将课程内容融合到数学课本内容

和数学阅读材料之中、开发各种以财经素养为主题的实践活动。如低年级"货币的认识"，中年级"购物体验"，高年级"走进银行"。为了让孩子们能真正感受，老师们设计了上外静小流通的货币"小脚丫币"，货币的组成和人民币面值基本相同。我们在不同的年段设计适合孩子们年龄特点的活动，让小脚丫币能用起来并用好，有结余时还能经过合理的储蓄，让每个孩子能感受到财富的积累和合理应用。

教育，就是教人聪明，教人会管理自己，在自我驾驭中开创未来。在四年发展规划中，学校提出"品质教育"，就"品质学生"的内涵，广

爱其生，促其学，使其乐，为幸福！

——朱丽君

孩子们的笑容干净、灿烂，不掺合一点儿杂质，能与这样的纯真笑容日日相见，时时相伴，便是我最大的幸福！

——张 颖

这世界有那么多人，遇见每一个学生，见证他们的成长，是一段美好的职业旅程，我愿在上外静小，培育幸福的学生，做幸福的老师。

——沈懿

多蹲下来，听孩子说话！

——朱益赛

泛征集家长意见。于是，指向"全人教育"的"五大管理"是家校共同认定的育人目标与特色课程，即"物品管理""形象管理""时间管理""财富管理""情绪管理"。五大课程的构建均有相关专业领域的家长参与。

学校的基本功能，是引导学生从"他控"走向"自控"，并从"生物性"的"生物钟"管理走向"哲学性"的"金字塔"管理。让学生了解和驾驭自己，始终是一个难题，学校正在探寻自己的"行为路线"。

财商教育效应明显。马太财商的 Eli 老师和韩老师给学生们上了一节有关创新创业及商业计划书的制作课。课上学生积极地与老师进行互动，课后，一些学生便直奔书店去买相关书籍学习，家长们对此也感到非常震撼。

财富管理课程，鼓励学生积极参加各种主题活动，去感受体验，去学会正确看待金钱，运用金钱，熟悉、掌握基本的金融知识与工具，懂得合理、合法地赚钱，形成良好的价值判断，培育道德尺度，增强责任感，促进个性能力的发展，从而为其长大后独立理财和成就一番大事业打下坚实的基础。

# 学做财富的主人

■ 周云燕

　　财富是与人的一生紧密相连的。人不能脱离物质而生活。因此，正确认识财富，是小学生幸福成长中的必答题。

　　对财富的认知，不仅影响金钱观，也影响生活观，甚至影响世界观。从这个意义说，财商教育，不仅是智商教育的延伸，也是人生教育的延伸。

　　从小就要用钱，这是现实生活，但围绕钱的认识、运用，不是一道简单的算术题，而是一个多元的复杂体。

　　学校开展的"财商教育"，是以课程和"财商俱乐部"的形式出现的，旨在巩固财商教育的基础和融入人文情感的元素。让学生从小学会做财富的主人，就是奠定一个强大的物质与精神融为一体的"财富源"。

（作者为语文特级教师、民办上海上外静安外国语小学校长）

# 从"财"到"才"

■ 苏　军

教育，就应当是全方位的。无论哪个"商"，都是学生需具备、拥有的。所谓"财富"，就是"商"的汇合。因此，上外静小开设"财商课程"，是非常适时宜的，也是十分得体的。尤其是由金钱管理转向"五大管理"，就是一种升华。

人生有两种财富，一种是物质的"财"，另一种是能力的"才"，其实这两者是相辅相成的，只是需要融通和转化，才能达到至美的境界。

"财商课程"的最大效用在于不仅能掌管好"财"，还能获得增加财富的"才"，"财""才"从小随身，前途无量。

（原载 2021 年 10 月 13 日《文汇报》）

## 首任校长感言：

# 终于有人郑重而又令人兴奋地举起了这面旗帜

■ 张绮莲

今年（2021年，编者注）教师节受邀回到上外静小参加了升旗仪式，参观了学校的"探索营"，参加了学校的行政会议，亲耳听到了学校的发展……内心无比喜悦。

回想起2002年4月我接到静安区教育局调令：要去筹办静安区第一所民办性质的外国语学校时，心里感到既有压力也有动力。压力是：学校不是翻牌而是从零开始。从办学思路、课程设置、师资队伍组建、招生甚至校舍改造、校徽、校服等等都要从头开始。动力是：既然是一张白纸，就可以画最新最美的图画。我可以按照自己对教育的理解去办学。

当时我的想法是，要把学校办成一所校风正、教风好、教育教学质量过硬、校园环境优美、校园文化生活丰富多彩并有外语特色的学校。鉴于这所学校的民办性质，我认为对这所学校的评判标准必须是社会的认可度。因此我们的办学基准必须是以学生为本，以家长的口碑作为学校发展的检验指标抓手。

我接手这所学校时已经52岁了，后来由于工作需要又留校做了一年顾问。从2002年4月至2006年6月退休，我在这所学校工作了四年。四年里，我和我的团队完成了对这所学校的基本架构，遗留下一些诸如规章制度的进一步完善、教学理念的进一步提升于下几任校长。

之后的数年里，我非常高兴地看到了学校一步又一步的健康发展。特别是

幸
福
明
朗

2013 年周云燕校长接掌学校以后，以她领衔的团队提出了"办一所有'幸福感'的学校"的办学目标。

听到这个消息时，可以用"激动""欣喜""钦佩"来形容我当时的心情。

把学校办成一所"有'幸福感'"的学校，不仅抓住了教育的本质而且特别符合校情。上外静小从开办之初，我们的团队就是在有意无意地朝着这个目标努力着。今天终于有人郑重而又令人兴奋地举起了这面旗帜，这怎能不让我"激动"，怎能不让我"欣喜"，怎能不让我"钦佩"呢。

目标制定之后，怎样持之以恒地付诸实践才是关键。周云燕校长领衔的团队一步一个脚印地做到了。他们不仅从校内的师资队伍全面素养的提升、家长教育理念的培养、教学设施的改善上，为"幸福教育"提供了软硬件的保障，更是大胆地开辟了"小学校，大格局"的开门办学、合作办学的途径：把美术课上到雕塑公园的画廊里，把音乐课上到了雕塑公园的草坪上，把体育课上到了少体校，把自然课上到了自然博物馆里……

校内外无一处不是在为学生的"幸福"服务。在为学生服务的过程中教师也幸福地得到了自我发展，收获了成就感。

学校已完成了从一所优质学校到品牌学校的过渡。2021 年上外静小获得了"上海市五一劳动奖状"的殊荣。

作为参与过学校创建的老教育工作者，我感到"与有荣焉"！

千言万语汇成三句话：向上外静小教育团队致敬！祝上外静小全体师生与学校一起幸福成长！愿上外静小在"幸福教育"的道路上越走越宽广！

# 第三篇　图阳沐福

# 五 日 谈

看世界：拓宽办学施展的空间

做自己：打开学生成长的心间

# "第三空间"：
# 自主呼吸、提振精神的"人造氧吧"

——民办上海上外静安外国语小学创办有"幸福感"的学校见闻录之五

**■幸福述说**

## 幸福"纸"社开张啦

　　2021年3月12日，是一个普通的日子，但对五（1）班殷海扬同学来说，却是一个惊喜的日子，心中埋着的一个心愿就要实现了。当他拿到《"第三空间"回信》，告知他"预约申请单"得到批准的那一刻，1月12日的申请即将变成现实时，兴奋的神情顿时写在他的脸上：幸福"纸"社开张啦。

　　"我们班上有很多同学爱好手工，我就喜欢折纸，所以

我就来预约'第三空间'的'自由日'，我希望一些爱好手工、折纸的同学和我一起，到'第三空间'跟我学折纸。"在学校"第三空间"预约申请单上，他在"我的理由"栏中写上了这些话。

学校东楼一楼"第三空间"，殷海扬同学的申请实现成为"第一场"。当天中午12点刚过，殷海扬同学与其他有相同爱好的6位同伴，兴致勃勃地来到盼望已久的空间，"第三空间"项目工作组的涂娟老师，已为此准备了彩纸、剪刀等材料和工具。

殷海扬同学是折纸高手，经过他的手工制作，许多景象变成了纸样，独有韵味。其他伙伴在他

博学审问，做有深度的教师；身正为范，行有温度的教育。

——陈　奕

以满满的爱陪孩子慢慢成长……

——薛建琳

的带教下，学得津津有味。不一会儿，不同作品从他们的手中迭出。一位女同学说："折纸能做出许多形状，用'心灵手巧'形容正合适。"在临近结束时，大家还手拿自己的作品，来了一张合照，作为纪念。殷海扬同学更是兴奋无比："这时间过得真快呀，这空间属于我们。"

当天，"第三空间"第一场的情景在微信上传出，吸引了不少人的目光，当了一回网红。

"第三空间"，是上海上外静安外国语小学创新办学物理空间的独特创造，也是为学生成长创造"自由呼吸"空间的独辟新地。

如果说，居住地是"第一空间"，工作地或学习地是"第二空间"，那么"第三空间"就是除了居住和工作（学习）

地点以外的非正式公共聚集场所。

说实在的，上外静小占地面积不大，学校办公场地并不宽裕，但为什么要设一个"第三空间"呢？周云燕校长认为，学校的物理空间总是有限的，但应当把这些空间通过一种思想的开放和引领，得到更合理的利用和更有意义的开拓。另外，学校的一切都是为了学生的健康和幸福成长，因此，校内开辟"第三空间"，既是物理空间的调整与组合，也是学生为本的守护和落地，更是教育观念的更新与优化。

为此，学校在东楼一楼，将原有的一间教师办公室腾出来，专辟为"第三空间"，并进行了人性化的改造和装饰。朝南的位置阳光充足，室内整洁优雅，一张长桌可变换利用，一排沙发供切磋交流。走进这个房间，一种温馨迎面扑来。

自"第三空间"开设后，学校已有 287 位学生提出了"预约申请"，成为学生心中愿望的"小确幸"。

"第三空间"，释放着不止于空间的耐人寻味的气息。

## 位移:

### 学校让出更大的成长空间

"第三空间"开设后，为什么会得到这么多学生的热烈响应，获得这么多的申请，这不是学生的光图新鲜，也不是撩起的一时兴致，而是有着客观的需求。周云燕在与学生的大量、深入的接触中，发现学生在校内有着除了教室、图书馆、操场之外的另一种场所的需求。

珍爱课堂的每一秒；珍视学生的每一问；珍惜人生的每一篇。

——陈　明

　　"这个场所，可以是学生用来发呆，整理情绪，发展兴趣爱好，结识伙伴，甚至可以是学生用来与老师或者家长的交流。从现在的学校设置来看，很少有这样的场所。现实的情形是，下课后或午饭后，一些学生会选择在很干净的厕所内窃窃私语或高谈阔论。与其这样，还不如学校主动提供，去满足学生的这方面需求。"

　　周云燕这种由空间的现状引出的开设"第三空间"的想法，还有另一层意思。"就是我们的教育基本上都是由上传下的，课程和活动的方式，大多也是由学校或老师主导的。但真正的教育，既在由上传下，也要由下传上，要通过学生的自我觉醒和主动学习来实现。因此'第三空间'实际上是在强化学校教育的基础上的再造，让出学生成长的空间，而且由他们自己做主。这样的让出其实更能激发学生的成长欲望，更符合办一所有'幸福感'的学校的初衷。"

## 进发：
## 学生释放更大的成长能量

"第三空间"，以另一种方式激发了学生自我认识、自我进步、自我觉醒的内在热情，也以另一种可能释放了学生认知同伴、认知师长、认知社会的成长能量，将学生在校的有限成长通过新平台的建立和场所的自主得到富有弹性、富有高度和富有长度的延伸。

学校目前收到的 287 名同学的预约申请，展现的一个个愿望，其实是学生内在的渴望，反映了这个时期学生成长的走向和趋势。这样的"申请"过程，本身就是一种教育，学生要学会申请，学会表达，学会策划，学会组织，学会把握，等等。

"第三空间"项目负责人、德育教导黄静虹老师指出：学校在开设"第三空间"的谋划时，就提出了"游戏日、惊喜日、家庭日、自由日、分享日"等内容，试图让学生可以得到多方面的满足，可独处、可静思、可分享，可获得在成人看来有些并不怎样的收获。

"弟弟每次都好奇我去了哪儿，虽然现在他已经上幼儿园了，但是他还是很好奇我学校长的

心中有事业，眼里有学生。

——袁向暾

用情教育，才能浇灌出懂得感恩的健康心灵；用心教学，才能培养出有责任心的下一代；爱教育爱孩子，才能真正体会到当教师的幸福与快乐！

——许召春

什么样，他通过聊天的方式知道了我的班级在几楼。我希望能带他正式来看看我的学校。"这样的愿望非常个性化，但确是真实的存在。四（1）班庄瑷瑛同学的"第三空间"的"家庭日"作为"第二场"，"想带弟弟看看我的学校"于2021年3月31日如期进行了。"小庄同学真是一位好姐姐，在老师的协助下策划参观路线，准备弟弟最爱的毛绒玩具和果汁。姐姐处处呵护，弟弟笑了一路。班级同学还为弟弟和妈妈表演了节目呢。弟弟都'赖'着不肯回家了。"这是"现场描述"。一家人在校园度过的那一刻，也许烙在心里的不止是风景。

### 思量：
## 教师追求更大的成长效应

"第三空间"既是为学生成长而设的，也是为教师转变教育观念而立的。

"过去，我们往往是从学校教育的主导性考虑较多，但对学生的需求还未能了解很多，现在学生的申请，有的就是心声的吐露，从中有许多值得注重和寻味的地方。"一些老师在阅读之后得到了这些有价值的信息。

五（2）班一位姓杨的学生申请的"家庭日"，披露"最近在学习上压力较大，

希望能有一个和家长吐露心声的地方"。她的心声其实就是呼唤教育的信息。一些家长通过孩子申请获得了到校的机会，也就增加了家校交流的机会。

"每一个方案，我们会安排一位老师协助策划引导服务，学校的每一项新政，要让每一位老师知晓、认同甚至参与。人人都是德育工作者。"周云燕说。

燕子校长
的话

# 好的教育让孩子神采飞扬

■ 周云燕

"第三空间"，是我们对教育的本质特性深度理解后作出的空间安排，也是对学生的成长需求深切了解后作出的观念更新。

拓展学校办学的空间，拓宽学生成长的空间，从而形成更大的有"幸福感"空间，一直是我们的愿望和追求。空间的扩大，不仅是物理的概念，更是文化的意识、教育的主张。空间的扩张，其实是通过理念主导、条件创造、科学运作来实现的。

这样的空间，是一种好的教育。好的教育让孩子神采飞扬，这样的空间既有形更有神。

（作者为语文特级教师、民办上海上外静安外国语小学校长）

第三只眼

# 教育空间因念而生

■ 苏 军

空间的扩大，是具象与万象的结合，也是形似与神似的融合。

空间的增扩，不仅需有场所和面积以及摆设的"客观条件"，而且需有理念和意识以及统筹的"主观条件"。教育空间因念而生，念在教育本质的本义，念在文化立校的本源，念在学生为本的本真。

教育空间的增扩，不仅是一道数学题，更是一组方程式，需要理念构图、想象泼墨、创意施工、精心装饰、美丽全程。

从这个意义上说，上外静小所开设的"第三空间"，是对教育空间打造的建筑，也是对育人方式的建构，更是对办学优质的建树。

（原载 2021 年 4 月 21 日《文汇报》）

# 六 日 谈

人与人交流的热络地带
心与心融通的情感天线

# "赠言卡片"：
# 与心房碰杯 与温暖撞怀

——民办上海上外静安外国语小学创办有"幸福感"的学校见闻录之六

**■幸福述说**

### 赠言：校长的"秘密暗号"

2021 年教师节期间，周云燕校长的办公室，摆上了一束束鲜花，而最让她动情的是收到了学生送的"贺卡"，蛮大的书桌顿时摞成了"小山"。五（1）班徐杼杰同学，没找上周校长，索性"借"便签书写起来："周校长，你不在，我借你一张便签，就是想说'教师节快乐！'"诚意至真。

周校长对学生的"贺卡"在"照单全收"之后，一定会"投

桃报李"，用心一一回复。如收到黄子鸥同学的贺卡后，她在明信片中动情地写道："你的贺卡我收到了，如此精美别致，让我爱不释手。这种风格如同美丽的你。你画出了学校的模样，我读懂了你对学校的喜爱和留恋。祝你在上外静小最后一年尽情享受快乐时光。"周校长对董予辰同学的"特殊礼物"更感慨万千："她积攒了五年里和我的照片，制作成一张照片贺卡，一年级英语节上我给她擦拭嘴角的蛋糕屑，给她颁奖……有的是侧面，有的是背影，很用心的孩子，眼里有光的孩子，对学校充满热爱。"

赠言贺卡，在校长、学生、家长之间成为"红丝线"，有着特别的情缘。一位家长在每每目睹后，深情地说："每一年的新年，很多孩子一定会收到来自'燕子校长'亲笔回复的新年卡片。上面会针对性地写出对每一个孩子的鼓励、祝福和与孩子精彩互动的瞬间回忆。她可以牢记每一位送给她卡片的孩子姓名，是调皮的，是伶俐的，是倔强的，还是害羞的。"

幸福明朗

一生专注着一个领域，每个豁然开朗的瞬间，都是反复探索的结果。

——周莉莉

赠言贺卡，成为周校长的"秘密暗号"。一年内，她可以为五六十位学生写"赠言贺卡"；几乎每一位学生在她那儿都愿意敞开心扉。有位姓张的学生说："燕子校长是一个和蔼可亲的人，特别好，特别了解我们，我们跟她聊天就像是跟好朋友聊天一样。三年级时教师节，我给燕子老师写信，祝她教师节快乐。我想着她不认识我，肯定也不会特别认真地看我的信。但是当天晚上我就收到了燕子老师给我的回信，特别感谢我的贺卡，希望我在以后的日子里，更上一层楼。这

让我非常开心。"

　　办一所充满"幸福感"的学校，民办上海上外静安外国语小学注重从理论到实践的摸索，屡出新招。

　　"赠言"，在学校受到特别青睐，在许多场合都能见到她的身影。尤其是每年的迎新年活动，新年赠言是人人必备的"大礼"。这些赠言，非常应景合时宜，非常温馨有温度，非常个性显特色。

　　赠言，在这里被赋予了特别的意义：人与人交流的热络地带；心与心融通的情感天线；与心房碰杯；与温暖撞怀。就在新年，门房间师傅也收到了学生的"贺卡"，这个校内的"大众节日"，彰显着教育幸福的原义，渗透着幸福教育的厚意。

## ▨ 赋予贺新年活动的感恩"回归"

学校的每一年新年活动,除了迎新的韵味之外,感恩是一个绝对的主题,如 2020 年 12 月末,作为"感恩系列",学校举行了"与爱相伴 开启新年"活动,场面十分热烈。

"墨香飘送福贺新年"。全校师生通过画一画、剪一剪、写一写,呈现出不同的福字,在美术老师和书法老师的指导下,校园内福字满园,学生为保安、保洁阿姨、厨师、退休老教师和居委、雕塑公园送上了新年的祝福。

"让我说声谢谢你"。全校每一位学生写了一张"感谢卡",对曾经帮助或

想表达谢意的人送上温暖的话语。活动中，很多老师、学校职工收到了学生的感谢，激动不已。活动当天，学校邀请了"正义与温暖"的化身小羊肖恩，通过抽奖的方式让学生传递这份感恩。通过活动，达到了让每一位学生用善良度量内心的同时，好好思量在生活中获得的关爱和呵护。让善意不会错付，对温暖不会辜负。

"幸福天使在行动"。学生代表进行活动宣讲和发起倡议，引导每一位学生做一件让对方感到幸福的小事情，传递彼此的友谊和幸福。校园春色满园，学生用心、细心和爱心，有为保洁阿姨递上一杯热水，有为同学解答一道难题，有为老师帮送一天的作业本……学生在做爱的天使，也享受这被天使爱的温暖。这种幸福传递让校园里充满温情。

## 引施大爱情结的关怀"送达"

新年活动，对教师和校长而言，要准备的"礼物"也是赠言，因为这些话语不是简单的祝福句子，有的还是指引学生成长的"金句"。

每班班主任推荐两名学生并写明理由，这些学生由校领导写贺卡。学校党支部书记王嫣说："让我们写贺卡，其实是深入了解学生的机会，也是增强师生交流的契机。有时候，教育就是在

以己为灯，以己为靠。感受生命里的每一瞬间，活出最好的自己！

——严琴

从教三十余年，能和孩子结伴成长是我为师的幸福。

——姚玗

学行结合，教学相长。

——卢沁

点点滴滴中完成的。"副校长丁羽宏认为，校领导写贺卡，不是任务，而是职责；不是上课，而是作业，其中的蕴意深厚。

学校鼓励老师为学生书写个性贺卡，动员各学科教师一起写，这样，确保每位学生都能收到新年贺卡和祝福，让每一位学生带着老师的新年祝福开启美好的校园生活。

周校长对新年赠言传送的盛景颇为感慨：这是教育的嘉年华，也是因材施教的大荟萃。

## 助伙伴意识形成的集体"认同"

"学校是孩子寻找伙伴的地方；学校是帮助孩子成为最好的自己的地方"，这是上外静小的主张。伙伴意识的形成、合作能力的培养，是需要给予孩子经历的。于是，六一儿童节是上外静小的伙伴节。每个孩子事先写一封贺卡，亲手制作一份节日礼物。缤纷的贺卡放在一个大大的礼盒里，六一节那天一清早，孩子从校门口的礼盒中抽取一张卡片，卡片的主人就是其今天的神秘伙伴，于是手中的贺卡就成了两个孩子的见面暗号。大家一定要在校园里找到彼此，然后相互认识，自我介绍，交换礼物，携手游园，商量一个约定。伙伴节里，孩子们以书会友，以棋会友，呼啦圈盟友，直排轮小队……孩子们发起活动，自由结社，与志同道合的伙伴玩在一起。

# 赠言，也是教育语

■ 周云燕

赠言，是人际交往的工具，也是互道祝福的载体。这种基本功能为社会和大家所认同和接受。将赠言从祝福走向教益，能放大幸福的效应，能增添教育的魅力。

于是，赠言在上外静小是一种教育资源，被赋予了形象的教育载体和神韵的教育魅力。赠言，随着教育的场景而走红。节日，是赠言出声的良机；节点，是赠言书写的天地。即使在新教师走上工作岗位的一年间，"庆生"的方式——同事写下的赠言亦成为无价之宝。有时候，一句赠言对被赠方而言，就是灵魂，就是思想，就是方向，其价值不可限量。

可以说，赠言也是教育语。

（作者为语文特级教师、民办上海上外静安外国语小学校长）

幸福明朗

# 写得越深越珍贵

■ 苏 军

　　言为心声。赠言的价值就在于言出于衷，语近于实，义大于赞。

　　赠言，是平实的老师；是踏实的行师；是求实的导师。

　　所赠之言就在于深，深情而荡漾、深入而精辟、深切而中肯。写得越深，情重、理明、义达。

　　在上外静小，赠言已赋予了教育的神韵，赋予了交流的神灵，赋予了成长的神采，可谓幸福的语言。

（原载 2021 年 10 月 15 日《文汇报》）

# 第四篇　洒阳润福

# 七日谈

看世界：拓宽办学施展的空间

做自己：打开学生成长的心间

# "课堂新家"：
# 校内外远近资源"皆来风景"

——民办上海上外静安外国语小学创办有"幸福感"的学校见闻录之七

■幸福述说

## 梅花节 一个"当季课堂"

3月，梅花盛开，朵朵绽放；3月，梨园梅园，皆为学园。上外静小一年一度的梅花节在静安雕塑公园开场，在梅花的簇拥中，全校师生及家长尽览这大自然别具一格的风景，感受沐浴春光的如花心境。

每年一度的梅花节，在上外静小尝尽了自然的滋味，也糅入了文化的春色。在公园欣赏梅花的千姿百态，在校园展

开文化的繁花似锦。

"梅花节，在校内外举办，我们师生都把它做成'自然一课''文化一课'，成为当季的'别样课堂'。"周云燕校长穿梭在学生之间这样说。梅花节期间的校园，好看又热闹，每天中午，学生睹物吟诵诗意盎然，抚琴弹拨悠扬婉转，国粹表演像模像样……瞧，一年级专场开演了，集体吟京韵诗句的场面，小孩不输成人，各班代表讲述京剧常识，如数家珍，还有一位小朋友翻起了"行头"演绎霸王别姬，那唱腔、那身段、那姿势，着实令人钦佩。

梅花节，让校园沉浸在美的海洋中，让文化荡漾在师生的心坎上：春光美美的，感受美、浸润美、表现美、创造美有了一块更宽的园地。

"校园确实小，但校园的确足够大。"这是学校主人经过长期体验，到访的同仁通过一番观察和感受，得到的突出印象。

民办上海上外静安外国语小学，身处市中心钻石地带极具方位优势，但人均操场活动空间 1.4 平方米的狭小是不争的事实。面对有限的客观条件，学校如何用足现有空间，突破物理空间，敞开教育空间，一直是学校思考和探索的课题。

多年来，上外静小以学生健康幸福成长为"空间定位"，开门办学、开放教育、开发资源、开拓思路，通过资源利用、空间位移、能量互换，从而形成了"小学校、大格局"的发展态势。一位姓李的家长深有感触地说："上外静小真的很小，小到没有空旷的视觉体验。但是上外静小真的不小，它给了孩子们饱满而富足的少年时代生活，也给了我们家长一片明朗又靓丽的蓝天。"

上外静小在利用空间、释放空间、拓展空间上，实现了"华

丽转身"，"课堂新家"处处有，校内外资源的迭加，通过教育人的胸怀和情怀的引发，产生了无所远近"皆来风景"的效应。

## 眼光向外：走出去找空间

物理空间小，是因为你蹲在原地。为此，上外静小突破物理空间，打开校门，迈开双脚，就近入手，开发社会资源，与外部实现能量互换，从而实现增量变大，这是战略选择的第一步。

独具一格的校外"专属体育场"。每周二，学校会组织三个年级外出运动，去静安区少体校运动一个下午，学生们换上运动服，酣畅淋漓，排球、篮球、击剑等金牌教练的优势项目充分体验。这个下午令学生非常期待。"现在想来，三年前选择周二下午外出运动是明智的。如果有周一上学焦虑症，我们的孩子应该不会有；如果脑科学能证明，周二下午的充分运动产生的多巴胺水平的上升，所

花开有时，静待春来。

——刘 琼

心中的念，脚下的路，愿
与孩子们一起看那未见的
世界。

——凤 茜

带来的愉快情绪，在后半周的学习中有利于记忆、思维等智能水平的发挥，我们将更坚信这个决策丰厚的回报。"周云燕说。

能浸润艺术、展现才艺的"专属艺术中心"——静安雕塑公园。学校和雕塑公园比邻，每年3月，会在梅园举行"君子书画展"，这是语文、美术学科联合设计的主题式课程学习，孩子们在春光里吟诗作画，在"梅花三弄"的古琴声中讲君子之道，展示才艺，挥毫泼墨。品茶日那天，每一个孩子分享一个茶包，原来各家都有一款心仪的茶，这是家的味道。每年6月，学校会在公园的星光亭举行"夏季草坪音乐会"，每年有50多名学生在梦幻般的舞台上尽情挥洒演奏。学校借用公园的艺术中心举办为期一个月的"筑梦未来——青少年艺术展"，把美术课搬到艺术中心，孩子们迷恋在艺术中心的氛围中，师生800多个纸塑作品组成了一个当代艺术作品群。每一个孩子都能在艺术展中找到自己的作品，在展出的274幅艺术作品中，有40%的作品来自校外，学校还特邀沪上多所国际学校的学生高端作品参展，让孩子们看到自己未来的可能性。

## 眼光向内：连起来拓空间

资源的最大价值在于无障碍的合理运用。上外静小通过社会机构和属地化及其集团办学的便利条件，将办学的空间放大。

馆校合作。自然博物馆"馆校合作"项目、科创课程负责人陈杰老师说，学校与邻近的上海自然博物馆签订馆校协议，学生定期参加博物馆主题探索课程。依托馆校合作，设计自然博物馆课程，结合教材内容与博物馆现有资源，制定相关主题的学习任务单，开展探究活动。依托"园艺种植""身边的科学""机器人"等科学社团，组织培养一批爱好自然、崇尚科学，并具有一定创新实践能力的"科技小达人"。

导师进校。组建学生科学巡讲团，邀请导师来校进行科技专题讲座，开展校

园科技活动，提升校园科学氛围。依托学校创新实验室，定期开展"科学沙龙"活动，拓宽科学视野。加强信息技术与学科的整合，在基于问题解决的任务型学习中提升媒体素养，组建"电脑小工程师"团队，积极组织学生参加各级各类信息、科技活动及比赛，培养学生的综合素养。

社区互动。学校与所属社区、街道良性互动，积极开发校外教育资源，在科技、文化、运动、艺术等方面拓展教育空间，开展校内外教育联动，形成"大教育"格局。

集团辐射。学校加强市、区各级层面的开放交流，依托"上外"集团化办学、奉贤托管项目、

教育的终极目的，便是让受教育者在迷茫的时候能够找回自我、痛苦的时候得以解脱痛苦、面临死亡的时候可以坦然无畏。

——董晓炀

全国合作学习联盟学校项目和民办特色学校项目等开展多层次、宽领域的教育交流与合作，注重品牌辐射，积极地吸纳与分享，不断提升学校教育的软实力、影响力和竞争力。

## ● 眼光向创：建出来增空间

学校在做强校内空间的同时，积极想办法，通过各方支持，尽力增加教育的空间，使学生五育并举、全面发展真正落地。

学校在有关方面支持下，就地取材，对邻近的"静安少年探索营"从手艺、体育、艺术等方面进行了改造和更新，从而变为一个教育生发、妙趣横生的地方。这里辟有三层。一层，木工车间；二层，舞蹈体操、攀岩；三层，英语绘本阅读、小剧场。英语绘本阅读项目负责人、教学教导林雅莹老师说："每一个专用教室，有相应开发的课程，使学校的每一个学生每学期都有机会参与这种不一般、新场所的学习体验，学生在那幢楼里全身心投入，激发了内在的成长动力，获得了发自内心的快乐。"

燕子校长的话

# "小"变"大"皆由"心"

■ 周云燕

当校内的物理空间相对"恒定"时，能不能改变，更多地取决于我们的眼界、思路和对策。

"小学校，大格局"，正视现实，但不止步，视"小"为出发的基点，且就是"小"也要办成"大"；心胸开阔，求大格局，即使身处小也要谋大局。

空间，是能转换的，会因为眼界开阔而拓宽，会因为思路开拓而延展，会因为对策开创而增量。

正因为教育无处不在，正因为资源无时不有，正因为事无不可为，所以"小学校，大格局"其实是因"心"而运的。

（作者为语文特级教师、民办上海上外静安外国语小学校长）

# 课堂不止是教室

■ 苏 军

教室，自然是课堂的"核心地带"，但不是学习的"唯一场所"。

课堂的概念不止于教室。因此，教育空间，没有规定性，也没有固态化，而且眼前晃过的一切和心中掠过的一切，都可以是一个"教室"、一种空间。

从这个角度说，上外静小的"小学校、大格局"，正是对教育空间的最有价值的建树和最有效益的开创。走出去、连起来、建出来，都是空间的"进行式"，能做增量。教育思想的走心、育人行为的连心、办学条件的建心，则是空间的"方程式"，能成当量。

显然，课堂是可以想象的。

（原载 2021 年 4 月 22 日《文汇报》）

# 八 日 谈

"学习时刻"重在辅导
"自主时刻"用在提升
"温馨时刻"佳在服务

# "三段式"课后服务：
## 让成长时时真实发生

——民办上海上外静安外国语小学创办有"幸福感"的学校见闻录之八

**■幸福述说**

### "黏""留""乐"

周云燕校长在掌管上外静小后，通过大量的接触和反馈，发现了种种有趣现象，于是归纳为：一所学校最大的成功，是学生放学后依然"黏"在校园；一所学校最强的魅力，是学生学完后依然"留"在课程；一所学校最美的承诺，是师生幸福后依然"乐"在其中。

课后服务的推出，正好为学生"黏"在校园提供了可靠的"依据"。一位三年级学生说："上学期，我总是放学后想方设法在校园多待一会儿，当碰到老师询问我时，我也是老找'理由'回复，因为在学校实在太有意思了。今年开学后，学校安排课后服务，这样我就名副其实地在放学后待在校园快乐了。"

也许，课程的"余音"、幸福的"回想"，让上外静小的课后服务更有快乐成长的寻味。

2021年秋季新学期开学，除了常态化防疫之外，有效减轻义务教育阶段学生过重作业负担和校外培训负担，扎实开展课后服务，成为重头戏。

曾为学生在校园开辟"第三空间"的民办上海上外静安外国语小学，将教育延伸至课后，采用多种办法，拓展育人时空。

赠人玫瑰，手有余香，教书育人也是如此。当我们将知识传递给天真无邪的孩子，当我们看见孩子们的点点滴滴的成长，我们会从心底感受到卓然的成就感。孩子们也像一束束光，照亮我们的心灵，成为我们的镜子，使我们成为更好的自己。

——郦瑛洁

努力做一名启智、明理、
导行的引路人。

——於慧敏

用清眸洞悉，用智慧照耀，
用真情点燃，属于你，最
耀眼的光芒。

——俞倩

小学生校内课后服务时段，是学生一日校园生活的组成部分，其育人功能应纳入教育教学的全过程。静安教育倡导的"三段式"校内课后服务理念，符合学生学习规律，有利于学生核心素养的培育。"学习时刻"，重点辅导学习方法、培养作业习惯、保证作业质量；"自主时刻"，满足个性需求、发展优势领域、提升综合能力；"温馨时刻"，解决延时晚托、学会伙伴互动、培养自我管理能力。

上外静小积极探索"三段式"课后服务的内涵价值和实现途径。面对学校场地狭小、学习空间不足、个性化教育实施不充分等难题，学校尝试在"自主时刻"通过学习空间的重构与开放，为学生提供多样化学习机会和场所，实现"公平而个性且最优化的学习"；融入"全员导师制"，通过特长教师的专业陪伴，在"自主时刻"这一有限的时间内实现有意义的学习。

校内课后服务，成为办充满"幸福感"学校的一个向标。

## "自主时刻"：
## 套餐预约"挤破头"

2021年9月开学，课后服务在上外静小充满了"自主"，学校推出了征询单，给出了8个套餐，套餐A：趣味足球、书香满屋、微观世界；套餐B：定向越野、想唱就唱、巧夺天工；套餐C：快乐羽球、种瓜得瓜、流光溢彩；套餐D：律动

共情是老师和学生心与心的桥梁。

——符介喆

教育就是心与心的共振。

——刘　柳

节拍、千纸百态、科学世界；套餐 E：吟诗作对、魔力实验、中华武魂；套餐 F：空手道场、轻舞飞扬、心语心愿；套餐 G：冲浪高手、手到擒来、摇滚起来；套餐 H：书香满园、斗罗大陆、摩登时代。这些好听的名称背后都是一个个有特色的活动项目。

周校长说，每份活动套餐均兼顾体艺搭配，动静结合，五育并举，培养学生综合素养。学生可根据兴趣和特长，勾选一份套餐。

同时，酝酿已久的空间预约，也在 10 月登场。在"自主时刻"，推出"空间预约制"，最大程度地满足学生需求，提供能匹配个体能力及特性的个性化最优学习。

教师要像花农一样，养着，望着，呵护着，期待着……
——杨之光

欣赏每一个学生，挖掘每一份美好。
——王怡颖

学校将学生的"自主时刻"主要分为正式学习和非正式学习两种形态。正式学习侧重于课程的进阶拓展和趣味延伸。非正式学习主要侧重于社会性交往学习：预约乐器教室，自建乐队，自由创作；预约棋类教室，相邀对弈，以棋会友；预约小剧场，设计剧目，合作表演；预约队室，策划活动，自创游戏……相较于正式学习，学生进行非正式学习的地点更灵活，学习内容的选择更具主动性。学校的走廊、中庭、花园等随处可见的公共空间，都可以设计成学生非正式学习的场地，这在很大程度上满足了"自主时刻"学生"随时随处"学习的需求。

## "全员导师制"：
### 共同幸福"齐聚头"

空间预约，既是为学生成长而设的，也是为教师转变教育观念而立的。"自主时刻"的多层次空间和多样态学习，是学校对教育的本质特性深度理解后作出的空和你们一起，读喜欢的书，做想做的事，人生不会辜负努力的你。

——曲晓忆

每个孩子都是曾经的自己，"我想回到过去，带他一起遇见更好的未来。"

——张文俊

间安排，也是对学生的成长需求深切了解后作出的观念更新。

学校将"全员导师制"融入"自主时刻"，进一步落实全员、全过程、全方位育人。在学习空间里，老师们如约而至，此刻的他们不只是学科教师，更是"艺术指导""健身教练""乐队指挥""实验助理""学习大咖"……

学校将原有的一间办公室腾出来，进行了人性化的改造和装饰，专辟为学生非正式学习的"第三空间"，自开设后，已有287位学生提出了"预约申请"。学生自主设计了"游戏日、惊喜日、家庭日、自由日、分享日"等内容。教师全员参与，每一份"申请"，均有一位"策划导师"全程协助，指导学生学会申请，学会表达，学会组织，学会把握，等等。在导师朱杰老师的协调下，四（1）班的庄瑷瑛同学成功邀请了弟弟一起共享休闲时光；淦娟老师为五（1）班殷海洋同学的"折纸创意会"出谋划策；郑洁莹老师是四（2）班杨凯乔同学组织的环保时装秀的化妆师兼摄影师。在特定的学习空间里，导师们服务于来自不同班级的、具有不同特性的学生，倾听、对话、鼓励、陪伴，亦师亦友，在更大程度上激发教育灵感，兼顾每一个学生的个性需求，彰显出学校办学追求与育人理念的幸福文化。

# 课后服务 重在增值

■ 周云燕

育人是一个过程，不分校内校外，不论课内课后。

因此，课后服务，其本身就是教育的组成部分。关键是，如何使课后服务不仅不打折，而且增值，要从简单解决家长应接不暇的困难转化为增加教育供给、教育能量、教育效应的契机。

课后服务，要心怀的是真心，付出的是真情，谋划的是真爱，追求的是真效。

学校的服务空间，因教育理念的先进而永不枯竭，因校园文化的繁荣而永远旺盛，因教师敬业的水准而永无止境。

课后服务，重在增值，这是幸福追求的解法。好的教育，是通过学生的自我觉醒和主动学习来实现的，营造丰富的空间序列，提供个性化的学习机会，释放了学生认知同伴、认知师长、认知社会的成长能量。"三段式"课后服务理念，拓展了学校育人的空间，"空间预约"拓宽了学生成长的空间，形成了师生更大的幸福空间。

（作者为语文特级教师、民办上海上外静安外国语小学校长）

第三只眼

# 让服务充满教育的"浓味"

■ 苏 军

　　课后服务是一个老问题，如何推陈出新，检验办学人的初心，检视办学人的实力，检测办学人的能量。

　　这不是一道选择题，而是一道必答题。教育内涵，能使服务具有品性；教育外延，能使服务具有品格；教育增值，能使服务更具品位。

　　站在立德树人的高度，任何服务都是"第一要务"；站稳教书育人的深度，任何服务都是"关键一着"；站上砺志成人的宽度，任何服务都是"一锤定音"。上外静小推出的课后服务"空间预约""全员导师"，是把课后做活，把服务做靓，说到底是下了一盘完成育人根本任务的"后手棋"，彰显后劲。

　　　　　　　　　　　　　　　　　　（原载 2021 年 10 月 14 日《文汇报》）

# 第五篇　抱阳创福

看世界：拓宽办学施展的空间

做自己：打开学生成长的心间

# "年度教师论坛"：
## 学术表达的"指点江山"

——民办上海上外静安外国语小学创办有"幸福感"的学校见闻录之九

■幸福述说

### "持证上岗"的表达者

表达，可以说是人生存和发展的"通道"，也是事业和生活的"枢纽"。

不过，对教师而言，表达又有什么职业特点呢？上外静小副校长丁羽宏从多年从教的经历和不断研修与琢磨中有了不一般的领悟："教师是一名表达者，但绝不是一名普通的表达者，不同于任何其他职业，教师是一名'持证上岗'的表达者。我被赋予了表达的权利，被赋予了日复一日去影响、去塑造、去雕刻一个个鲜活灵魂的责任。除了教师，任何一个职业都不曾被赋予过这样伟大而崇高的使命。因此，我对自己的职业充满敬畏。我突然理解了什么叫作'人类灵魂的工程师'，也懂得了要谨慎对待我的每一句'表达'，因为我，是一名'持证上岗'的表达者。"

她在学校"年度讲坛"上娓娓道来："我终于可以用自己的理解去定义'表达'——表达就是建立联系。是人与人之间建立的联系，更是灵魂与这个世界建立的联系。因此，表达是一个多么温暖而美好的词啊！"

她认定：无论表达的方式是什么，表达的核心是观点，是情感，是思想。有思想的表达才深刻，有情感的表达才丰满，有观点的表达才有助于建立真正有意义的联系。在所有的表达中，我们无法否认，语言是最直接、最迅速、最精准的表达方式。

我是一名小学老师，我每天做的最多的事情便是"说话"，是天然的"表达者"。"表达"这个主题让我由衷地去重新审视了我的职业。

老师引导、影响、塑造了孩子，而孩子决定了世界的未来。那么，我憧憬未来的世界什么样，我就要努力用我的"表达"把今天的孩子们塑造成什么样。因为，我的表达里就藏着这个世界未来的样子。

为了迎接一个更美好的世界，我想要这样表达：

我的表达里要有太阳，世界的未来便是温暖而明媚的。

我的表达里要有鲜花，世界的未来便是芬芳而斑斓的。

我的表达里要充满赞美，世界的未来便多了包容和理解。

我的表达里要充满爱，这样，世界的未来便不惧伤害，不怕黑暗。

我要努力说好每一句话，做好每一次表达。我希望通过自己的职业表达，用微不足道的努力去塑造一个我未必能够看到，但终将到来的，比现在更美好的世界。

她的这种"表达"，充满了"教育世界"的表达。

以关爱之心关注每个学生，让他们健康快乐地成长。

——金 蕾

用欣赏的眼光看学生，用宽容的心态面对学生。

——何嘉乐

如果说，教师是一座富矿，那么，表达就是"井喷口"。在民办上海上外静安外国语小学，教师每天都会在课堂进行表达，这种职业性的表达，当被置于特殊的场境，被赋予特别的意义，就显得与众不同了。上升到思想性、境界性、学术性的表达，这种具有高度、深度、厚度的表达在周云燕校长看来，是一种教师专业发展的"临风窗口"，也是教师涌出幸福感觉的"快乐管道"。

吹响表达的"集结号"。从 2014 年开始，每逢年末，校园内都会举办"上外静小年度教师论坛"，且每年一个主题，围绕时下办学的议题和教师的关切进行集中的阐发：2014 年——我的学科骄傲；2015 年——看世界，做自己；2016 年——我理解的学科素养；2017 年——在办学理念引领下的课程建设；2018 年——我的幸福故事；2019 年——与儿童对话；2020 年——培养学科表达；2021 年——公正而有力量的教育。学校党支部书记王嫣说："'年度教师论坛'成为教师们探讨学术的嘉年华，在这里，他们关注教育热点，交流教育理念，畅谈教育情怀。"

每一次年度教师论坛，成为教师表达教育主张的"新媒介"，成为教师切磋学术的"共舞台"，成为学校奏响优质教育的"交响乐"。

## 与自己的学科"对话"

年度教师论坛，是教师审视学科及其学科教学的最好机会，许多教师在梳理本学科的特性基础上，纷纷发表了真知灼见。他们以学科为母本，通过实践提炼和提升学科的育人价值和独特个性，形成了具有自身特色的"学科宣言"。

美术教师黄佳妮在《美术与美述》中"素描"了这样一个场景："老师，今天我来介绍一幅画。"两分钟预备铃之后，小葛同学突然举手说道。"好呀，你来吧！"我回答道。"哇，你准备好啦，真棒！""你是第一个上来说的人哦！""牛人啊！"在班级同学的赞叹声中，小葛同学得意洋洋地走上讲台，打开 PPT，自信地说："今天我来介绍一幅画，这是我画的。之前我看到毕加索的《格尔尼卡》，颜色很单调，画面很怪异。我喜欢阳光城市里的人，所以就画了这张。这个男的很魁梧，手里还拿着把钻石剑，很威武吧？"

"还有呢？"我问道。

"哦，这是一张水粉画。就这些了，我说完了。"小葛笑嘻嘻地说。教室里稀

让孩子们生长出音乐的翅
膀，自由地在时空里翱翔。

——翁亚智

幸福感的意义不仅仅是让
学生感到快乐，更重要的
是要让他们在快乐中逐步
发掘与培养自身的价值
观。

——叶　庆

稀拉拉地响起了几声掌声，小葛尴尬地站在屏幕
前。看到她渐渐暗淡的眼神，我连忙说："今天
小葛很勇敢，她是我们班表达项目的第一人。可
是老师还想听她介绍下去。你们觉得介绍作品的
时候，还需要介绍什么内容呢？"

小马举手说道："我觉得可以说说这张画的
颜色和色调。"

"表达其实有很多种方式。歌手用歌声表达
情感，舞者用肢体语言来表达情感，画家则是用
他的画笔描绘出内心情感。所以在介绍作品的时
候，我们可以从作品的构图、色彩、笔触来分析
作品。"

美术表达效果要提高，就要通过优化语言表
达方式来实现。美术语言是一种特殊的语言，它
主要有点、线、面、形状、色彩、结构、明暗、

空间、材质、肌理等，以及将造型元素组合成一件完整的作品的基本原理，包括多样统一、比例、对称、平衡、节奏、对比、和谐等。我们只有了解了美术语言才能更好的欣赏美术作品，只有学会运用美术语言才能更好地创造美术形象。

## 与自己的教育对象"对话"

教师与学生的"对话"都是表达，也是一种心与心相碰后的共振。年度教师论坛对儿童的研究，深入到了核心地带。

孩子的世界是奇妙的，每一个孩子都是独一无二的，他们对事物的感受不同，处事的方式不同，诉求的表达不同。班主任只有走近学生，耐心倾听童言稚语，用心和孩子对话，才能真正走进孩子的心里。很多时候，班主任更像是孩子们的妈妈老师。

有学生心急火燎地跑来告诉班主任杨道红老师：小陆和小郑用记号笔在新男厕所里写字！惊愕中，小陆和小郑也随即神色紧张地跑到她面前，杨老师果断地让他们先带自己去厕所看看。白色的新厕门上赫然出现"不要进"的中英文黑色大字！杨老师二话不说，带着俩孩子用湿巾纸使劲擦。可是师生三人用尽力气，黑色字体只是淡了一点。

走廊里，杨老师先安抚好孩子，然后耐心地询问事情的经过。原来，小陆看到厕内有脏污，想提醒同楼的一年级学弟不要进入，于是用记号笔在厕门上写下了"不要进"。之所以用记号笔，是因为记号笔的粗字更显眼。小郑担心学校里的外教老师看不懂中文，又在"不要进"下面写了"NO ENTER"。杨老师听了，连忙夸他俩是有爱心的孩子，并给了他俩一个大大的拥抱。然后告诉他们，他们目的是好的，但方式方法不妥，以后要学会用正确的方式去解决问题。说完，杨老师又带着两个孩子尝试了许多办法，最后用橡皮擦了半个多小时，终于擦去了黑色大字。虽然很累，但是心甜。

看，孩子的初衷，孩子的方式，孩子的善良，如果班主任没有和学生进行良好的谈话沟通，是很容易被表象误导引起误会，一顿不分青红皂白的批评，抹杀了孩子那份宝贵的纯真。

班主任工作坊也曾围绕 "如何倾听学生的声音"开展了学习和案例分享，着重提醒班主任要做到"五不要"：不要因轻视对方给予反驳，放弃倾听；不要使自己陷入争论；不要着急于判断问题而耽误事情；不要回避难以应付的话题；不要逃避以往的责任。班主任受益匪浅，通过写随笔来表达学习感悟，分享成功或失败的案例。

## 与自己的特长"对话"

教师从入行到懂行，究竟懂什么？学校围绕六个"懂"展开方向性的培养，寻找培养路径。

翁亚智老师教音乐，教龄 17 年，她可以习以为常、心无波澜地工作。第一次点燃她，五年前，得知她是双排键专业，周云燕说："我们打造一间电子琴键

## 尾声

**教　师**

持证上岗的表达者

盘教室吧！"她的眼睛亮了。于是，她所教的两个年级的音乐课在乐器教室上课，自编课程；第二次点燃她，周云燕说："我们自建一个乐队吧！"于是，她指导乐队获得"全国电子琴键盘大赛一等奖"（上海唯一的小学）；第三次点燃，她主动说："我们学校可不可以加入上海音乐学院电子琴协会？"于是，她与一群志同道合的专业教师在一起，还自费深造；第四次点燃，周云燕提议："我们办一场夏季草坪音乐会吧！"于是，她成了校园里最美的艺术家。2019 年，她领衔研究的市级课题"'绿色指标'校本艺术素养评价体系构建与测评工具研制"，正在火热进行中。

2020 年，学校成为上海市民办中小学艺术学科基地，翁亚智老师作为负责人，带领大家付出了很多努力。

身教胜于言教，以自己的实际行动启发孩子踏上健康人生路。

——陆晓烨

永葆童心，矮下身子，站在孩子们的视角看世界。

——许　俊

# 论坛是历练

■ 周云燕

年度教师论坛，是具有质性的论坛。它本质上属于教师对教育、教学理解的"个体诠释"，也是实践出真知的"体验反馈"。这个论坛，通过主题引领、节点固定、情景创设、个体熟思等环节，串起了教育学术的"项链"，成为学校教科研的"一线"。

论坛，汇集思想，亮出观点，整理思绪；论坛，经历流程，阅历流动，历练流通，因此，从某种意义上说，就是反思、反馈、反哺。

论坛，不仅在于按时"送出"，而且在于平时"积淀"，倡导的是学术，推崇的是文化。

（作者为语文特级教师、民办上海上外静安外国语小学校长）

第三只眼

# 时间换空间

■ 苏 军

年度教师论坛，走的是节日般的规定路线，时间定在年末，从 2014 年始直到今天，经久不衰，时间固定，是将论坛制度化、机制化、常态化。

制度化，是因为教育研究是"命题作文"；机制化，是因为教师研究是"下水作文"；常态化，是因为办学研究是"自拟作文"。

在时间点上的聚集，必将产生空间上的能量。由此，教育成了教师可用来掀起波澜的"一池活水"。

（原载 2021 年 4 月 23 日《文汇报》）

# 十 日 谈

新教师踏上工作岗位的"立正"

凝聚众教师育人动能的"时令"

# 一年间：
# 教师生涯发展成就感奔流而溢

——民办上海上外静安外国语小学创办有"幸福感"的学校见闻录之十

**■幸福述说**

## 新教师上岗一年的"庆生"

2021 年 9 月 13 日，第 37 个教师节过后的第三天，上外静小英语学科教研组又过上了一个别具一格的"节日"：15 位英语教师，欢聚一堂，一起为入行一年的一位新教师"庆生"。

这个"庆生"的主角是董晓炀，有着研究生学历，28 岁的年轻英语教师。坐落于学校五楼的图书馆，见证了一位新

教师的入行生涯洗礼。

"让我们因彼此的存在而幸福",屏幕上打出了这样一行醒目的仪式主题,英语教研组长刘琼娓娓道来。15分钟的画面视频,让新教师过足了"明星瘾",也让在座的同事再次认识了这位已经站立讲台整整一年,教了五年级三个班英语的教学新秀。"导师对你说",静安区英语教研员唐伟文老师出镜,通过视频道出了对董老师三个不一样的感受,为其的醇厚音质、课上标准讲解、戏剧节台上表演而"惊讶、惊叹、惊喜",给了专业的"高分"。"主角说",董老师仍然保持着平时沉稳的"学院派"的风范,娓娓道来,

聆听每个学生的声音,感受每个学生的成长。

——黄佳妮

慧眼识你,友爱激励;耐心、细心、用心、暖心;陪伴你更好地成长!

——张志勃

107

# 幸福明朗

将体育融进生活，将体育成为习惯，将体育与教学有机结合！

——徐雪莉

用爱心谱写一首动听的歌，让孩子们在美妙的歌声中快乐长大！

——淦娟

"我要感谢上外静小给我的幸福"，"我要感谢上外静小给我的挑战"，"感谢上外静小让我看清了真正的自己"，特别是董老师对两位亲密的"小兄弟"——2020年上海市小学英语教学比赛特等奖获得者张文俊、2021年静安区小学英语教学比赛一等奖获得者杨之光表示了由衷的谢意。"伙伴对你说"，则炸开了锅，几位代表金句迭出，丁羽宏副校长用英语连说几句"YOU"，"表白"得彻底，尤其是回忆他俩关于为什么做教师的切磋，着实让大家寻思；15位教师当场送出的"赠言卡片"，雪片般地涌向主角，幸福和被幸福瞬间融化。周云燕校长的"我们不是'用人的单位'，而是'发展人的学校'"的结语，更是道出了举办这个仪式的蕴意和深义，耐人寻味。当一本一年工作《写真集》作为礼物，由周校长递给董老师时，全场掌声雷动。最后，董老师接过生日蛋糕，许下心愿，切开让大家分享。

新教师一年间的仪式，定格在时空里，也烙在每一个教师的心上。

一年，这是一个时间界碑，代表着一种岁月。

民办上海上外静安外国语小学对新入行的教师有个特殊的安排，将新教师的"一年间"作为教师职业生涯的"关键期"，给予了特别的关照。用校长周云燕的话来说，新教师工作开始的这一年，是奠基教师事业的"金砖"，也是新教师成长的"时节"，拔节生长，重在播好种，起好步。

于是，在上外静小安排了一个特殊的仪式，就是到校工作一年后的新教师，学校凭借集体力量，为其举办入门的"洗礼"。自2014年6月以来，学校已为谷慧、叶斐、徐雪莉、董晓炀、孟林林五位青年教师举办了"专场"，惹得已经有好几年教龄的一些教师直呼"偏心"，为自己错过这种机会而稍许遗憾。

入职一年间的"庆生"，与其说是为新教师的职业生涯"鼓劲"，倒不如说是为全体教师的协力齐心"呐喊"。身临其境的教师，在那一刻，感受了教师职业的艰辛、伟大和幸福。徐雪莉老师当年看到自己的母亲出现在现场时，顿时眼角

用微笑拥抱孩子，用真诚对待家长，用我的心投身于这个事业。

——许　雯

生命在于运动，运动需要方法。我愿做这样的教师，健体育人，将体育之美，体育之魂"植根"于每一位孩子的身上、心间。

——蔡燕红

闪烁了泪花。

这是吹响教师履行神圣职责的"集结号",也是凝聚教师育人动能的"大熔炉"。

## 入行报告：教书是学问

与其说，为新教师一年间工作"庆生"，倒不如说是一种教育叙事的"方式"。作为"庆生"的程序，十分讲究教育内涵的挥发，如一节汇报课，一场同事、教研组成员、带教专家参与的研讨会，以及家人一起见证的仪式，一套个人工作写真集，这些活动主旨是激发对教育的真情。

2020年"庆生"的徐雪莉，是体育教师。她说："对于刚踏上工作岗位的我来说，在教学过程中既要保证教学质量又要激发学生学习热情，是充满挑战的。我积极参加区里举办的见习教师培训，每周都去基地学校听讲座、观课，这对我的职业起步打下了很好的基础。听着有经验的前辈们分享个案，看着教学方法老到的老师们得心应手地完成教学任务，让我从心中燃起了崇拜，也暗自下定决心向他们学习，快速提高自己。"

刚刚"庆生"的语文教师孟林林感受颇深，动情地说："一年留下三粒锃亮的珍珠作为回礼，激励着我不断前行。其中有一粒珍珠叫作专业感。作为一名新教师兼班主任，和其他教师相比，每天除了要思考如何进行语文教学、班级管理，还需要参加每周两次基地学校培训，每月两次区级带教，这一年的时间是争分夺秒的。通过为期一年的培训，我在专业教学和班级管理上都取得了很大的进步，站在讲台上的我更加自信了，有底气了。"

## **亲身感受：**校园是幸福的

工作一年间，最大的感受是什么？对这道必答题，所有"庆生"的主角，都"殊途同归"，因为上外静小就是一个"幸福"家园。

董晓炀老师说："我要感谢上外静小给我的幸福。无论是美丽温馨的校园环境，还是早中午那喷香可口的饭菜，抑或是温暖热情的同事，都让我感觉自己仿佛在家一样幸福自在。每当我遇到困难，都能得到同伴的帮助。他们每个人，都是我的老师，也让我倍感幸福和幸运。"

"一走进静小的校园，就能感受到迎面扑来的犹如金桂飘香般的幸福感。这种幸福感由表及里，沁人心脾。"孟林林老师说，"无论是门口保护师生的保安，还是做出可口饭菜的师傅，抑或清洁教室、走廊的'美容师'，更有一位位感受幸福同时又传递幸福的静小老师。当你被雨淋湿了，他们会脱下外套给你换上，动作毫不犹豫；当你遇到问题愁眉苦脸，他们会主动分享、传授金点子，经验毫无保留。因为遇见了静小人，我也成为了静小人；因为有了幸福感，我也想成为能够让他人感到幸福的人。"

我希望在孩子的心里，永远有一个七彩的太阳，一朵粉色的云，一棵会跳舞的小树……静静守护孩子们的童真，这是他们快乐的源泉，亦是我幸福的源头。

——卓　姚

我行，我可以！

——姚凤樑

## 热烈切磋：氛围是和谐的

每场"庆生"，除了仪式感外，最舒心的场面就是大家互诉衷肠，最珍贵的是同事的"赠言"，这些不凡之语，传递的不仅是暖意，更有教育的深意。

"在学校中，体育教研组的各位前辈就是我的良师益友。他们主动贡献出自己的教学经验和方法，帮助我以最快时间适应教学。还会牺牲休息时间来听我的课，及时指出课堂出现的不足，并教我一些解决问题的方法，让我加以改善。"徐雪莉老师的回忆充满感激。而董晓炀老师捧着15位同事递过来的"赠言卡片"，激动得一时语塞，转过身轻轻地自言自语："这是同事的厚爱呢！"

# 让教师有更多的获得感

■ 周云燕

在新教师入校进岗一年，举行"庆生"活动，不仅是对职业生涯的一种仪式，而且是对教育促进的一种激发。培养幸福教师是幸福学校建设的核心内容之一。对于教师来说，幸福是"桃李满天下"的荣誉感和自豪感。幸福学校应该积极开展丰富多彩的教师活动，在活动交流中改变教师的幸福观念，树立教师的职业自信，培养教师的乐观心态。新教师"庆生"活动，就是让教师有更多的成就感。同时，这样的"庆生"活动，在昭示教师专业发展的重要性和必要性。幸福感是教师在教育教学活动中所产生的一种愉悦的心理体验和感受，幸福感的获得离不开职业胜任力，因为职业胜任力是完成一项工作的专业底气。"庆生"，是对教师专业成长的嘉奖。

（作者为语文特级教师、民办上海上外静安外国语小学校长）

# 注重教师张力的迸发

■ 苏 军

　　在教师走上工作岗位的第一年，用一场"庆生"来呈现一路走来的艰辛和收获，演绎一以贯之的教书育人的精彩，诠释一种浓浓的爱教、爱校情结，上外静小的新教师"庆生"仪式，源于仪式，高于仪式，足见分量和用意。教师对教育教学的张力，是需要环境、条件、事件等元素激发的，这种张力在教师职业生涯开始的时候显得尤为重要，在教师常态教学生活中显得尤其必要。教师的实力需要张力辅佐，教师的能力需要张力见证，教师的活力需要张力建树。从这个意义上说，新教师一年间的"庆生"，是一种生命的激荡。

（原载 2021 年 4 月 23 日《文汇报》）

图书在版编目（CIP）数据

幸福明朗：上外静小办学"十日谈" / 周云燕主编
．—上海：文汇出版社，2022.6
ISBN 978-7-5496-3806-2

Ⅰ．①幸… Ⅱ．①周… Ⅲ．①小学－办学经验－上海
－文集 Ⅳ．①G629.285.1-53

中国版本图书馆CIP数据核字（2022）第109122号

# 幸福明朗

## ——上外静小办学"十日谈"

主　　编 / 周云燕
策划编辑 / 张　涛
责任编辑 / 汪　黎
装帧设计 / 王　翔

出 版 人 / 周伯军
出版发行 / 文匯出版社
　　　　　上海市威海路755号（邮政编码·200041）
经　　销 / 全国新华书店
印刷装订 / 上海颛辉印刷厂有限公司
版　　次 / 2022年6月第1版
印　　次 / 2022年6月第1次印刷
开　　本 / 787×1092 1/16
字　　数 / 100千
印　　张 / 7.75

ISBN 978-7-5496-3806-2
定　　价 / 68.00 元